INDEPENDENT CONSTRUCTION AND PRACTICE OF
DATA APPLICATION IN POWER GRID ENTERPRISES

电网企业数据应用
自主构建与实践

国网天津市电力公司 编

中国电力出版社
CHINA ELECTRIC POWER PRESS

内 容 提 要

本书基于国网天津市电力公司实践经验，从开发实操的角度，介绍了电网企业数据应用构建的基础概念、关键操作和典型案例。全书共 10 章，内容分别为概述、数据获取、数据处理、报表工具内网应用、报表工具移动应用、BI 工具应用、RPA 工具应用、可视化工具应用、项目实战和典型应用。

本书内容全面丰富，实操性强，可为"零基础"的电网企业员工自主开发数据应用提供入门指导，也可供能源及其他行业相关人员阅读参考。

图书在版编目（CIP）数据

电网企业数据应用自主构建与实践/国网天津市电力公司编．—北京：中国电力出版社，2025.1
ISBN 978 - 7 - 5198 - 9646 - 1

Ⅰ．F426.61 - 39

中国国家版本馆 CIP 数据核字 20241ND323 号

出版发行：中国电力出版社
地　　址：北京市东城区北京站西街 19 号（邮政编码 100005）
网　　址：http://www.cepp.sgcc.com.cn
责任编辑：崔素媛（010 - 63412392）
责任校对：黄　蓓　王小鹏
装帧设计：赵丽媛
责任印制：杨晓东

印　　刷：廊坊市文峰档案印务有限公司
版　　次：2025 年 1 月第一版
印　　次：2025 年 1 月北京第一次印刷
开　　本：787 毫米×1092 毫米　16 开本
印　　张：16
字　　数：354 千字
定　　价：85.00 元

编写组

主　编　项添春

成　员　刘　宁　姚　程　班　全　王　洋　张　毅
　　　　　蔺金泉　张耀阳　马　剑　宗祥瑞　张　耀
　　　　　尚博祥　郝美薇　于海涛　杨一帆　刘雨晗
　　　　　王丹丹　刘　鹏　王　堃　梁志远　刘新波
　　　　　张璐明　邓　嵚　贺小刚

前　言

　　随着新一轮科技革命和产业变革深入发展，数据作为关键生产要素的价值日益凸显。党的十八大以来，我国数据资源价值加快释放。2024 年，国家数据局等十七部门联合发布《"数据要素×"三年行动计划（2024—2026 年）》，旨在充分发挥数据要素的放大、叠加、倍增作用，为培育新质生产力、推动经济社会高质量发展提供有力支撑。

　　国网天津市电力公司深入贯彻落实国家电网有限公司工作要求，持续推进电力数据开发利用和开放共享，服务政府决策、社会治理和企业高质量发展。特别是公司深入推进企业员工自主开展数据分析应用，取得积极进展。聚焦员工便捷取数、灵活用数需要，创新数据供给模式和开发环境，形成了"量贩取数""简易开发""敏捷发布"的数据应用自主构建流程，改变了"业务提需求、集中做开发"的传统模式，实现员工随需开展数据分析，自主完成应用开发，形成了一批实用价值突出、赋能效应显著的数据应用场景。服务政府科学治理方面，推出电力看经济、看民生、助应急、助乡村振兴系列分析应用，获省部级及以上领导批示肯定 40 余次。支撑绿色低碳发展方面，创新电力看环保、看双碳、看能耗的特色应用场景，获评"国家智能社会治理实验基地"。赋能企业智慧运营方面，围绕生产提质、经营提效、服务提升，员工自主开发700 余项数据应用，20 余项成果获评行业级优秀案例与技术创新奖项。提升员工数字化能力方面，培养出一批精通数据应用的专业人员，获得 50 余项省部级及以上数字化技能竞赛奖励，多人被授予国家、国家电网有限公司和天津市技术能手称号。

为了系统总结实现企业员工自主"取数、用数"实践经验，持续提升企业员工数字化能力，也为同行开展相关工作提供参考，国网天津市电力公司组织编写了《电网企业数据应用自主构建与实践》。本书全面总结了电网企业数据应用构建的基础概念、关键操作和典型案例，从开发实操的角度，阐述了数据获取、数据处理、数据分析和数据展示的知识和技能，为"零基础"的企业员工自主开发数据应用提供入门指导。全书共10章，第1章为概述，对电网企业数据应用的基本概念、核心平台和关键环节进行整体论述；第2章数据获取、第3章数据处理对开发前的数据准备过程进行具体阐述；第4～8章对各类数据应用工具的使用方法进行详细说明；第9章项目实战、第10章典型应用结合电网业务场景，分别对应用开发过程和最佳实践案例进行深入介绍。

本书由国网天津市电力公司教授级高级工程师项添春任主编，提出编写思路和编写要求，组织审定编写提纲和全部书稿。姚程、于海涛撰写了第1章，张耀、郝美薇和刘雨晗撰写了第2、3章，刘宁、蔺金泉和张耀阳撰写了第4、5章，王洋、杨一帆联合撰写了第6章，尚博祥、马剑联合撰写了第7章，张毅、宗祥瑞撰写了第8章，班全、蔺金泉、马剑、张耀阳和宗祥瑞撰写了第9、10章。参与全书编写的还有王丹丹、刘鹏、王堃、梁志远、刘新波、张璐明、邓钦、贺小刚。

鉴于数据应用相关方法和实践还在快速迭代完善，书中难免存在一些疏漏与不足之处，敬请有关专家和读者批评指正。

目　录

前言

第1章　概述 ………………………………………………………………… 1

　1.1　数据应用概念 ……………………………………………………… 1

　1.2　数据获取 …………………………………………………………… 2

　1.3　数据处理 …………………………………………………………… 9

　1.4　数据分析 …………………………………………………………… 10

　1.5　数据展示 …………………………………………………………… 14

　1.6　数据应用安全 ……………………………………………………… 14

第2章　数据获取 ………………………………………………………… 17

　2.1　数据目录 …………………………………………………………… 17

　2.2　共性数据集应用 …………………………………………………… 22

　2.3　API 接口调用 ……………………………………………………… 28

　2.4　数据库连接 ………………………………………………………… 34

第3章　数据处理 ………………………………………………………… 37

　3.1　数据查询 …………………………………………………………… 37

　3.2　数据存储 …………………………………………………………… 44

　3.3　数据作业调度 ……………………………………………………… 46

第4章　报表工具内网应用 ……………………………………………… 51

　4.1　数据准备 …………………………………………………………… 51

　4.2　页面设计 …………………………………………………………… 51

　4.3　数据绑定 …………………………………………………………… 54

　4.4　报表展现 …………………………………………………………… 57

　4.5　应用发布 …………………………………………………………… 73

第5章　报表工具移动应用 ……………………………………………… 78

　5.1　数据准备 …………………………………………………………… 78

5.2 页面设计 ………………………………………………………………………… 79

5.3 数据绑定 ………………………………………………………………………… 84

5.4 移动功能配置 …………………………………………………………………… 85

5.5 流程配置 ………………………………………………………………………… 101

5.6 应用发布 ………………………………………………………………………… 104

第6章 BI工具应用 ………………………………………………………………… 109

6.1 数据源连接 ……………………………………………………………………… 109

6.2 数据准备 ………………………………………………………………………… 113

6.3 场景开发 ………………………………………………………………………… 118

6.4 场景发布 ………………………………………………………………………… 127

第7章 RPA工具应用 ……………………………………………………………… 131

7.1 本机运行 ………………………………………………………………………… 132

7.2 云端运行 ………………………………………………………………………… 156

第8章 可视化工具应用 …………………………………………………………… 170

8.1 数据准备 ………………………………………………………………………… 170

8.2 创建项目 ………………………………………………………………………… 171

8.3 场景开发 ………………………………………………………………………… 173

8.4 数据绑定 ………………………………………………………………………… 179

8.5 预览及发布 ……………………………………………………………………… 181

第9章 项目实战 …………………………………………………………………… 184

9.1 报表工具内网应用 ……………………………………………………………… 184

9.2 报表工具移动应用 ……………………………………………………………… 190

9.3 BI工具应用 ……………………………………………………………………… 200

9.4 RPA工具应用 …………………………………………………………………… 208

9.5 可视化工具应用 ………………………………………………………………… 213

第10章 典型应用 …………………………………………………………………… 219

10.1 赋能电网转型升级 ……………………………………………………………… 219

10.2 赋能经营管理提效 ……………………………………………………………… 230

10.3 赋能客户优质服务 ……………………………………………………………… 237

10.4 支撑政府科学治理 ……………………………………………………………… 243

第1章

概　　述

 1.1　数据应用概念

数据应用是指通过对数据的收集、整理、分析和可视化等一系列操作，将数据转化为有价值的信息和知识，并将其应用于实际业务场景中，以解决具体问题、支持决策、优化流程、提升效率和创造价值的过程。随着大数据技术迅猛发展，数据应用变得越来越重要，已成为现代企业竞争的关键要素，在服务企业科学决策、提升运营效率、增强风险管控能力、优化客户体验、促进创新发展等方面具有重要意义。

构建数据应用的传统方式通常由企业层面汇总共性需求，统一组织建设，但建设周期长、灵活性受限，在当前企业业务环境不断变化的情况下，难以满足员工个性化需求。因此，为员工打造操作简单、上手容易的数据应用工具，鼓励支持员工自主构建数据应用并开展数据分析，成为企业推进数字化转型的重要手段。自主构建数据应用的主要特点如下：

（1）开发门槛低：集成多种低代码开发工具，员工通过"拖拉拽"即可进行数据分析，实现应用开发从"复杂编程"到"简单拼接"的转变。

（2）开发周期短：提供自主取数、自主开发、自主发布能力，实现"一站式"数据加工服务，节约传统代码开发时长，大幅缩短数据应用开发周期。

（3）迭代更新快：数据应用需求变更后，员工可直接对相应模块进行快速调整，提升场景升级效率。

自主构建数据应用主要包括数据获取、数据处理、数据分析、数据展示、数据安全五个关键环节，各环节紧密关联，共同构成完整的数据应用流程。数据应用关键环节的主要内容如下：

（1）数据获取：从各类数据源中采集与业务相关的数据，确保数据的完整性和准确性，为后续的分析和应用提供丰富的素材。

（2）数据处理：对获取到的原始数据转换为适合分析和处理的格式，对数据进行归一化、标准化等操作，提高数据质量。

（3）数据分析：通过合适的数据分析方法和技术，结合业务需求和数据特点，对处理后的数据进行探索分析，深入挖掘问题本质，为决策提供依据。

（4）数据展示：将数据分析的结果以直观易懂的方式展示出来，根据不同的受众和应用场景，将数据展示与业务需求相结合，突出关键信息和重点结论，使数据能够有效地传递给决策者和相关人员。

（5）数据安全：按照依法合规要求，确保数据在获取、处理、分析、展示等全过程中受到严格保护，防止数据泄露、篡改、丢失等事件发生，保护数据资产，保障合规运营。

1.2 数 据 获 取

数据获取是指从各种数据来源获取数据，并确保数据完整性和准确性的过程。数据类型主要分为内部数据和外部数据，内部数据主要由业务系统产生，通过数据中台、业务中台进行传输共享；外部数据包括气象数据、政策数据、金融数据等信息。数据结构如图1-1所示。

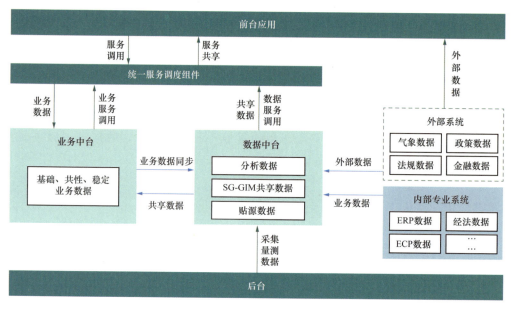

图1-1 数据结构图

1.2.1 业务系统

业务系统是数据的直接来源，用户可以通过系统前台查看或者导出的方式进行数据获取。主要分为一级和二级系统，一级系统在国家电网有限公司进行集中部署，数据统一管理，如统一权限管理平台、数字化法制企业建设平台、协同办公系统等；二级系统部署在各省公司，数据由省公司管理，如能源互联网营销服务系统（营销2.0）、用电信息采集系统和新一代设备资产运维精益管理系统（PMS3.0）等。常用的业务系统数据情况如表1-1所示。

表 1-1   常用的业务系统数据情况表

业务系统	业务分类	相关数据信息
能源互联网营销服务系统（营销2.0）	客户档案	（1）用户档案相关信息，包含用户户号、户名、用电地址、联系方式、身份证号码等； （2）供用电合同签订相关信息，包含合同分类、本期内合计签订率、本期内续签签订率等； （3）工作单相关信息，包含申请编号、业务类型、供电电压、申请容量、工程信息等
	电量电费	（1）用户电费相关信息，包含电费类型、电价策略等； （2）用户抄表明细相关信息，包括抄表段、电能表编号、抄核状态、抄表电量等
	智能缴费	远程充值相关信息，包含购电时间、处理人工号、工单处理时间、处理方式、表通信地址、充值绑定手机号、用电地址、购电金额、购电次数、下发标志等
	计量运维	采集成功率、抄表电量、终端地址码、终端生产厂家、终端状态
用电信息采集系统	线损信息	线路/台区线损相关信息，包括线路/台区编号、线路/台区名称、供电量、售电量、损失电量、线损率等
	终端档案	终端档案信息，包括终端类型、终端地址码、通信协议、生产厂家等
	采集分析	采集相关信息，包括用户编号、用户名称、台区编号、台区名称、终端地址码、采集时间、采集数据等
新一代设备资产精益管理系统（PMS3.0）	变电专业	年/月/周检修计划、运行值班、变电巡视管理、专业巡视、两票管理等
	配电专业	不停电作业、抢修管理、停电事件管理、隐患管理、缺陷管理、配电巡视管理等
	输电专业	现场勘察、检测计划、试验计划、带电作业、缺陷管理、修试记录、输电巡视管理等
	直流管理	直流隔离开关、直流断路器、直流母线等
	计划专业	技改计划管理、大修计划管理、工程项目管理
ERP 系统	物资管理	物料管理，包括物料大类、中类、小类及物料价格的情况
	财务管理	公司财务集中管理，包含各类财务的资金走向、成本利润率等
	人资管理	人力资源管理模块，对人员相关属性信息进行管理，包括人资编码、入职时间、年限、职位等
	项目管理	项目执行情况，包含各阶段的形象进度，以及资金花费情况
财务管控	预算管理	项目预算编制、项目预算发布、项目预算调整等，并记录预算科目分类口径，如成本、资产、负债等
	税费管理	税务关系组织信息、缴纳各类税款属性信息、税费计算等
	结算管理	分布式购电成本结算明细信息、可再生能源发电项目支付上网信息等
	发票管理	增值税进项发票信息、发票入账管理、发票归档成册信息等

1.2.2 业务中台

业务中台是企业级业务能力共享平台，以 API 接口的形式提供"敏捷、快速、低成本"创新能力和统一的企业级共享服务。主要包括客户服务业务中台、电网资源业务中台、财务管理业务中台和项目管理业务中台。其中客户服务业务中台包括用户、订单、工单、账单、支付和客服等服务；电网资源业务中台包括电网资产、电网资源、电网图形、电网状态和设备状态等服务；财务管理业务中台包括发票、报账、收支、对账和账务等服务；项目管理业务中台包括项目规划、项目储备、项目计划、项目执行、项目评价等服务。目前电网资源业务中台应用范围较广，可支撑基层按需调用。

1. 电网资源业务中台

电网资源业务中台整合分散在各业务系统中的电网设备、拓扑关系等数据，实现电源、电网到用户全网数据统一管理，通过共性业务沉淀形成电网设备资源管理、资产（实物）管理、拓扑分析等共享服务，可通过 API 的方式集成共享。电网资源业务中台数据服务能力接口如表 1-2 所示。

表 1-2   数据服务能力接口表

中心名称	中心简介	数据服务
电网资源中心	定位于电网一次设备、辅助量测设备、终端设备、直流设备以及分布式电源等设备的对象、属性及关系的抽象及维护	输电杆塔同杆
		配电杆塔同杆查询
		配电资源容器
		电网资源通用
		设备树
		营销设备
		输电资源容器
		变电资源容器
		直流资源容器
电网资产中心	定位于电网设备、通道设施、架空线路走廊、辅助系统等实物资产的管理	电网资产通用
		设备变更
		资产退役
		盘点任务
		现场验收盘点
		盘点计划
		盘点结果
		盘点报告
电网图形中心	定位于对 GIS 图形的展示维护、配置管理，实现"电网一张图"一体化、一站式共享服务	专题图成图
		专题图出图
		电网资源空间信息
电网拓扑中心	定位于电网资源之间电气连接关系的维护，围绕构建电网一张网拓扑分析服务，实现电网拓扑网络关系管理	通用拓扑分析

中心名称	中心简介	数据服务
计量应用中心	定位于对计量装置冻结采集信息和实时采集信息，实现数据收集、存储、调用和关联集成	计量对象
作业管理中心	作业管理中心围绕设备开展运行维护、检修试验等作业。主要包括巡视管理、检测管理、故障管理、缺陷管理、带电作业管理等	巡视管理
		检测管理
		缺陷管理
		家族缺陷
		技术监督问题
		投产前监督报告
		隐患管理
		检修管理
		配网抢修
		现场勘查
		工作票
		操作票
		标准作业卡
		工程验收管理
		技改大修管理
		专项管理
		配网工程管理服务
		故障管理
		试验管理
作业资源中心	实现各省公司生产车辆、发电机、带电检测装置等装备，抢修队伍、保电队伍等各类人员的跨区域调度、分配、状态实时监测	生产作业驻点
		仪器仪表
		生产作业人员
		生产作业队伍
		工器具仪器仪表检测
		工器具
		备品备件汇总统计清单
		备品备件定额
		备品备件出入库
		工器具盘点
		备品拆件
		备品备件设备转报废
		备品备件盘点
		智能装备
		备品备件台账

中心名称	中心简介	数据服务
设备状态中心	通过构建本体状态评价、运行状态评价、综合分析、辅助分析等服务，支撑设备运行状态全面管控	评分表
		评价报告
		重要通道风险评估
		评价任务
电网环境中心	定位于电网环境类信息的监测与管理。整合雷电、覆冰、山火、台风、地质灾害、舞动等监测预（报）警数据	舞动监测预警
		台风监测预警
		雷电监测预警
		山火监测预警
		气象灾害监测预警
		电网微气象环境
		地质灾害预警
电网分析中心	定位于对动态数据、边缘计算数据与图模数据的整合分析	可靠性可开放容量
		动态增容
生产成本中心	生产成本中心提供标准作业成本库管理、成本归集分摊、成本量化结果多维展示等服务能力，实现组织层、站线层、设备层生产成本线上量化	标准作业成本库
		运检工单
		成本计算
		成本归集
		成本分摊
		量化结果查询

2. 企业级量测中心

企业级量测中心实时汇聚调度自动化、配电自动化和用电信息采集等系统的遥测、遥信和事件类数据，数据时效性相对较高，一般为 5 分钟或者 15 分钟，基于电网资源业务中台 API 接口对外提供服务，量测中心数据接入情况如图 1-2 所示。

主网采集数据接入		配电采集数据接入		用电采集数据接入	
数据类型	**数据内容**	**数据类型**	**数据内容**	**数据类型**	**数据内容**
遥测	遥测断面信息	遥测	中压设备遥测断面信息	电气量	电压、电流、功率
遥测	变化遥测信息	遥测	低压设备遥测断面信息	电能量	正反有功总电能示值、正反向无功总电能示值曲线
遥信	开关变位信息	遥信	中压开关状态断面信息	电能量	当日冻结电能示值
遥信	开关状态断面信息	遥信	中压开关变位信息	电气量	电压、电流、功率
保护动作信息	开关类设备保护动作信息	遥信	中压开关保护动作	电能量	正反有功总电能示值，正反向无功总电能示值曲线
事件	监控事件信息	遥信	低压遥信	电能量	当日冻结电能示值
				事件	台区停电事件
				事件	用户停电事件

图 1-2 实时量测中心数据接入情况

企业级量测中心基于云架构及大数据流批处理能力，构建了实时查询及实时订阅两大类数据服务，实时量测数据中心构建数据服务如表1-3所示。

表1-3　　　　　　　　　　　　　　数据服务明细表

序号	服务分组	服务名称	服务描述
1	量测台账管理	量测点台账通用查询	根据被测对象ID和对象类型、终端设备ID和设备类型查询量测点台账信息
2		容器下属设备量测点查询	根据输电线路、馈线、站所、台区的容器ID和容器类型查询下属设备量测点信息
3		量测项配置通用查询	根据被测设备ID和设备类型、终端设备ID和设备类型查询量测项配置信息
4		容器下属设备量测项查询	根据输电线路、馈线、站所、台区的容器ID和容器类型查询下属设备量测点信息
5	实时订阅	遥信实时订阅	实时接收的遥信数据推送。可按地市、区县、被测设备类型、终端设备类型、遥信类型进行配置
6		遥测实时订阅	实时接收的遥测数据推送。可按地市、区县、被测设备类型、终端设备类型、遥测类型进行配置
7		事件实时订阅	实时接收的事件数据推送。可按地市、区县、被测设备类型、终端设备类型、事件类型进行配置
8	遥信查询	遥信数据通用查询	根据设备ID和设备类型、遥信量类型、时间查询遥信数据
9		最新遥信数据查询	根据设备ID和设备类型、遥信量类型查询最新遥信数据
10		遥信断面数据查询	根据设备ID和设备类型、遥信量类型、时间查询主网和配网中压遥信断面数据
11	遥测查询	遥测数据通用查询	根据设备ID和设备类型、终端设备ID和设备类型、遥测量类型组合、遥测量类型、时间查询遥信数据
12		最新遥测数据查询	根据设备ID和设备类型、终端设备ID和设备类型、遥测量类型组合、遥测量类型查询最新遥测数据
13	事件查询	事件数据通用查询	根据事件类型、设备ID和设备类型、发生时间查询事件数据

1.2.3　数据中台

数据中台是各类业务系统数据的汇聚地，将各业务系统数据进行整合、标准化和共享，以支持企业内部各个业务部门的数据需求和分析应用。数据中台可以通过数据访问或

API 的方式进行连接，是基层数据应用的主要数据来源。数据中台的特点包括：

（1）数据源广，数据种类主要包括结构化数据、非结构化数据、采集量测类数据、E 格式文件以及特定规约的消息数据；

（2）数据量大，进行大规模的存储归类，根据源端业务系统特点，分为十大主题域；

（3）数据质量较高，数据接入时已进行严格的质量控制和治理，能满足多类型的数据应用需求；

（4）数据服务高效，底层数据满足数据标准化、易用性和可扩展性等要求，能提供多种形式的数据服务；

（5）数据时效性高，传统数据分析服务场景时效性为 T＋1，并可根据预测、研判等特殊场景提供准定制化的数据分析和决策服务。

数据中台由贴源层、共享层和分析层组成，数据流转过程如图 1-3 所示。

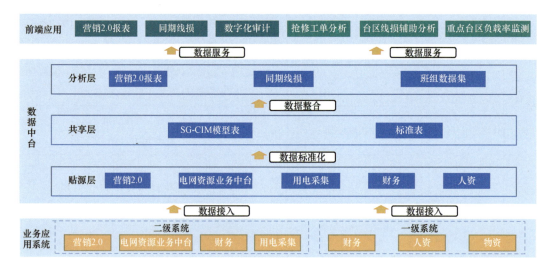

图 1-3　数据中台数据流转图

贴源层是数据中台的数据准备区，负责从各种数据源采集原始数据，将数据统一存储到数据中台。贴源层的数据是源端业务系统 1 比 1 的全量数据，主要功能是保证数据的完整性和一致性。

共享层是数据中台的核心层。主要按照业务领域和业务过程进行划分，构建形成企业级统一数据模型，涵盖人员、财务、物资、项目、电网、资产、客户、市场、安全和综合 10 个主题域，解决公司内外数据共享需求。

分析层是数据中台的应用层，以共享层的数据模型为基础，让用户能够方便地使用数据中台提供的数据，用户可以利用中台的工具和算力来加工对应的分析场景数据集，从而支撑上层的业务应用。

为方便基层用户快速获取所需业务数据，国网天津市电力公司基于数据中台打造企业级数据运营管理平台，一是将共享层数据表目录化，提供便捷的数据表查找与权限申请途径；二是在分析层构建共性数据集，通过汇聚基层共性需求，提取关键字段，将面向技术视角的共享层数据表整合成基层人员便于理解的业务宽表，图形化展示业务系统前台字段与业务宽表的映射关系，降低数据溯源门槛，推动数据共享复用。

 ## 1.3　数　据　处　理

数据处理包括数据采集、数据转换、数据分组、数据组织、数据计算、数据存储、数据检索和数据排序 8 个方面，本书根据实际应用，主要介绍数据计算和数据检索 2 类数据处理过程。常用数据处理方法如表 1-4 所示。

表 1-4　　　　　　　　　　　　常用数据处理方法

数据处理过程	数据处理方法	数据处理方法介绍
数据计算	算数运算	包括加、减、乘、除、乘方、开方等运算方式
	关系运算	包括等于、不等于、大于、小于等运算方式
	字段处理	包括数据字段进行重命名以及多个字段的拼接处理
	数据聚合	找出一系列数据的最大值、最小值、平均值
	数值提取	对数据进行取整、取余、绝对值等操作
	字符处理	包括截取字符串内容、提取字符串长度、替换字符串内容等
	日期处理	包括日期格式转换，日期内容提取，日期时间差计算等
	数据判断	根据数据值的差异情况，返回指定结果。如判断数据正负值等
数据检索	数据筛选	根据给定的条件，从表中查找满足条件的记录并且显示出来
	模糊查询	输入关键词或部分重要信息进行查询
	数据表连接	通过字段匹配和数据连接等方法，将两个或多个数据集合并为一个数据集

为方便基层人员自主开展数据处理，国网天津市电力公司以数据中台为基础，打造数据探索区，按需求、分单位对数据进行存储，提供与生产环境区域隔离、用户使用相互独立、数据应用安全可靠的数据产品开发环境；提供数据库工具、报表工具和 BI 工具等多样化工具。探索区架构如图 1-4 所示。

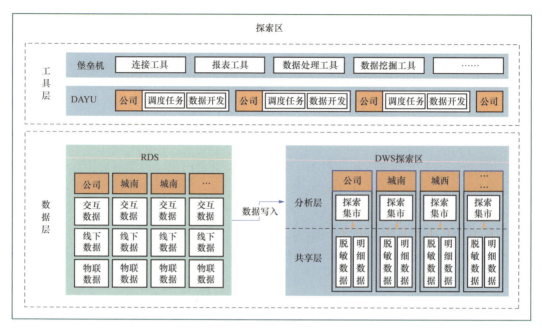

图 1-4 探索区架构图

1.4 数据分析

数据分析指按照科学系统的分析方法，深度挖掘数据，找出数据背后业务行为规律，发现业务运行问题的过程。常见的数据分析方法包括趋势分析、分组分析和对比分析等，还可按需引用机器学习算法，如回归分析、聚类分析、分类分析和相关分析等。

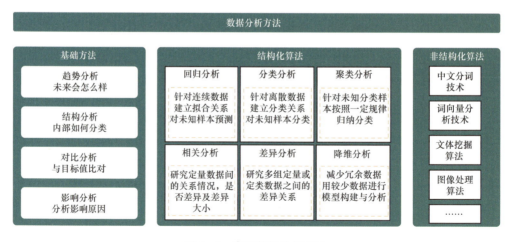

图 1-5 常用数据分析方法

为方便数据分析成果的共享复用，国家电网有限公司打造数字化能力开放平台，汇聚数据应用、数据服务成果，形成企业级统一的数字化能力入口；国网天津市电力公司依托数字化能力开放平台构建数据共享创新应用平台，基于数据探索区进一步释放数字化能力，提供易于理解的业务数据和简易灵活的开发工具，提供自主取数、自主开发、自主发布的数据应用开发环境。

1.4.1　数字化能力开放平台

数字化能力开放平台瞄准"数字化成果汇聚中心、开放服务中心、众创交流中心"的定位，在对公司数字化成果进行系统性归集基础上，建立"算力、数据、服务、算法、应用、知识"与人员之间的相互连接，扩大连接的广度（全覆盖），强化连接的深度（到基层），促进数字化建设成果深化应用，平台三中心定位如图 1-6 所示。

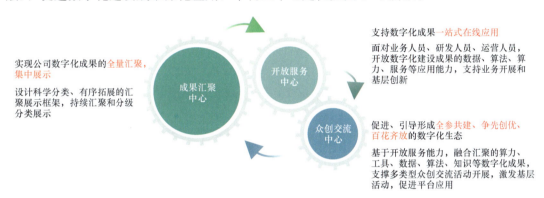

图 1-6　数字化能力开放平台三中心定位

1. 数据分析服务目录

数据分析服务目录是基于数字化能力开放平台构建的数据分析产品统一汇聚、发布、管理和共享的功能模块，面向业务一线、专业管理、数据分析等人员提供在线场景、分析报告、算法模型等数据产品服务，为促进共性业务、数据及产品等知识沉淀提供重要载体。数据产品服务列表如图 1-7 所示。

2. 基层数据服务专区

基层数据服务专区在数字化能力开放平台基础上，提供"便捷化"的数据服务能力，丰富易查易取共性数据集，遵循"按需开放原则"进行权限拆分，方便基层按需查数、取数，赋能基层工作减负。通过加强基层数据服务，加快推进业务数据主人负责制，促进数据管理职责落实到一线人员，实现以工单为驱动的数据主人问题整改，全面提升数据质量水平。基层数据服务专区如图 1-8 所示。

1.4.2　数据共享创新应用平台

数据共享创新应用平台（简称"数创平台"）是公司员工自主开展数据应用开发的载体，平台以探索区为基础，提供报表工具、BI 工具等各类开发工具，用户可根据需求进行自主选择，平台整体架构如图 1-9 所示。

图1-7 数据分析服务目录数据产品服务列表

图1-8 基层数据服务专区

1.4.2.1 报表工具

报表工具是一款基于C/S架构（使用客户端打开），面向企业级用户的专业报表开发工具，具有强大的报表图表可视化展示与分析能力，并支持数据填报、数据查询、交互分析、打印导出等各类常见数据应用场景，同时满足企业级数据权限与安全管理要求，并可与其他各类业务系统集成。

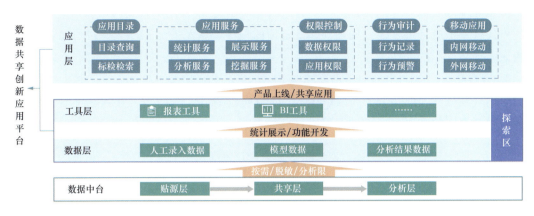

图1-9　数据共享创新应用平台架构

1. 功能优势

灵活启用，轻松制作可视化报表图表；多终端、多用户，随时随地洞察数据；完善的企业级数据权限与安全管理功能；可支持电力内网和移动端数据应用构建，应用范围广。

2. 基础要求

（1）数据准备方面，熟悉数据库操作，为分析展示做准备。

（2）应用开发方面，熟悉报表工具的操作技能及移动端通用组件的调用；熟悉JavaScript脚本编写，支撑后端算法模型调用。

1.4.2.2　BI工具

BI工具是一款基于B/S架构（使用浏览器打开），可以帮助用户快速获取数据，完成图表可视化和多维分析的数据分析工具，具有强大的分析查询功能，使用户能够轻松完成数据统计汇总、高阶计算与复杂分析。此外还提供独有的分析协作功能，用户在任何环节遇到阻塞都可以通过协作邀请他人共同参与分析，互助共赢。

1. 功能优势

无需代码，通过"拖拉拽"操作快速生成数据看板；利用内置函数生成多维分析及高阶计算结果；多人协作完成数据分析看板。

2. 基础要求

（1）数据准备方面，熟悉数据库操作，为分析展示做准备。

（2）应用开发方面，熟悉BI无代码工具的操作技能。

1.4.3　RPA平台

RPA即机器人流程自动化技术，通过计算机编程或辅助软件模拟人工操作，按照人工设计的规则自动执行流程任务，代替或辅助人工完成既定的计算机操作，如鼠标点击、信息读取、数据录入、匹配分析、逻辑判断等。它能更好地帮助员工解决大量周期性、重复性、机械性的操作任务，有效提高员工工作效率和业务服务水平，充分释放人力，实现工作减负。

1. 功能优势

可代替人工执行重复性、规则性、低价值的任务，从而提高工作效率；可减少人为操作失误，提高工作准确性。

2. 基础要求

应用开发方面，熟悉 RPA 产品的操作技能及通用组件的调用；具备基本的计算机操作和编程知识，如掌握至少一种编程语言（如 Python、Java 等）。

1.5 数据展示

数据展示是指将数据以特定格式呈现给用户的过程，这些形式包括表格、图表、图形、地图等。可视化展示平台可以进一步提升数据展示效果，具有较强的场景制作、页面渲染能力，支持更精细的权限分配、更自由的项目搭建、更全面的开发拓展。

1. 功能优势

灵活启用，轻松制作可视化场景；多层级、多页面，符合内容逻辑；多终端、多用户，随时随地洞察数据；丰富的二三维设计资源。

2. 基础要求

（1）数据准备方面，熟悉数据库操作，为数据展示做准备。

（2）应用开发方面，熟悉 Echarts 图表组件，支撑数据图表属性调整及自定义图表制作；熟悉 JavaScript 脚本编写，支撑数据加载格式转换。

1.6 数据应用安全

1.6.1 安全要求

为贯彻落实国家数据安全法以及关于"加强数据合规管理和安全防护"有关要求，推进数据分类分级工作，支撑数据分类分级管控，国家电网有限公司于 2024 年发布数据分类分级工作指引。数据分类分级总体策略为"三维五层六级"，其中"三维"是指从企业数据、个人信息和公共数据三个维度开展数据分类分级工作；"五层"是指数据分类整体可分五层，各维度数据可根据不同数据特征，酌情调整分类深度，以贴近业务和数据管理实际；"六级"是指数据分级按重要性以及泄露或误用后的危害程度，参考公司涉密事项目录和数据共享负面清单❶，将公司数据由高到低划分为六级。

---

❶ 负面清单：数据共享负面清单是指不能直接共享使用，需经数据提供部门对数据用途、提供方式、脱敏要求进行审核后方可共享使用的数据清单。

1. 数据维度策略

企业数据是指公司在电力生产、企业经营及客户服务等活动中收集、产生的原始数据和衍生数据，企业数据涵盖公司全量数据，按照业务条线进行分类和定级，包括个人信息和公共数据。企业数据与个人信息、公共数据中相同数据项的定级应保持一致。

个人信息是指以电子或者其他方式记录的、与已识别或者可识别的自然人有关的个人信息，不包括匿名化处理后的信息。

公共数据是指按照国家法律法规要求披露或公司在提供公共服务中收集、产生，被纳入国家及地方公共数据范畴的数据，但不包含依照国家法律法规禁止披露或共享开放的数据且不涉及个人信息。公共数据需按照国家和地方有关要求汇集或共享开放。

2. 数据分类策略

数据分类按照业务特征和数据特征进行划分。将公司数据资产按照五个层级进行分类，一、二、三层按照业务特征分类，划分为专业领域、业务主题和业务对象；四、五层按照数据特征分类，划分为数据实体（数据集）和数据属性（数据项），数据集指源端业务系统数据库存储的数据表，是业务对象在某方面特征的最小属性集合。数据项指源端业务系统数据表下的数据字段，是分类层级的最小颗粒。

专业领域（第一层）指按照公司业务架构一级职能进行业务分类。

业务主题（第二层）指基于专业领域按照公司业务架构二级职能进行业务分类。

业务对象（第三层）指基于业务主题按照公司业务架构三级职能进行业务分类。

数据实体（第四层）由业务发起多个数据对象的组合，一般表现为数据库表、数据文件。

数据属性（第五层）即数据项，是描述数据的最小颗粒。

3. 数据分级策略

结合公司数据的重要程度以及一旦遭到篡改、破坏、泄露或者非法获取、非法利用，对国家安全、公共利益或者个人、组织合法权益造成的影响程度，将公司数据由高到低划分为核心数据、重要数据和一般数据。在此基础上，结合公司内部管理需要，将一般数据由高到低细化为 4 级。结合业务实际，采用自上向下和自下向上相结合的数据分级路径。自顶向下，是指通过对照国家各级数据识别规则，分析细化形成对应的数据目录，可包括数据项、数据集、非结构化数据等。自底而上，是指在数据处理过程中，对形成的数据集、宽表数据、拆分数据等，结合可能造成的影响程度，进行级别调整。数据项最高级别为 4 级数据。数据集级别在数据项级别的基础上，综合考虑该数据集的数据规模、影响对象、影响程度，可上升为重要数据或核心数据。

4. 数据分级与现有政策对应关系

公司数据分类分级可参考如下定级原则确定数据级别，其中商业秘密相关数据集原则上不低于 4 级，重要事项、普通事项相关数据集原则上不低于 3 级，公司数据共享负面清单不低于 3 级，非负面清单宜定级为 2 级或 1 级。

89875431

1.6.2 安全措施

基层单位用户在探索区内进行开发时，有义务保障公司的信息安全、数据安全。由于探索区内包含公司各类运行数据，包括档案、住址、电话等敏感数据，基层单位开发人员应严格按照探索区使用指南进行操作，明确操作边界，不对任何数据以任何形式进行存储、转发、导出等操作，严防数据泄密发生。

用户使用探索区进行开发时，需遵循以下安全措施：

（1）用户在进行数据申请时，应先确定所申请数据是否为负面清单，非负面清单❶数据可直接申请，负面清单数据应走备案制申请，经业务部室同意后方可接入。

（2）用户在开发内网数据产品时，理论上可自主完成取数、分析、开发、发布等操作，但需注意 SQL 书写规范，禁止出现死循环等类似耗费内存的操作，以免影响系统运行。

（3）由于探索区数据均来自数据中台明细数据，用户在进行开发时，严禁进行导出、拍照等操作。

（4）用户在开发移动端数据产品时，因信息外网环境的局限性，进行移动功能联调和应用发布时，需向信通公司提交申请代为发布。

（5）开发地图导航类场景时，严禁将坐标数据进行保存、传播。

（6）在页面内展示用户地址、电话等涉及敏感信息的数据时，应统一进行脱敏处理。

（7）应用发布时应做好权限分配，将数据产品的权限控制在相关人员范围内，禁止将未设置权限的链接分享给其他人员。

本 章 小 结

本章主要对数据应用的基本概念进行介绍，结合数据应用构建流程，简述电网企业中台的主要架构，介绍平台定位和相互关系，提炼数据处理分析过程中常用方法，重点对几类数据应用工具的功能优势和基础要求进行说明，根据数据安全管理要求，明确数据应用构建过程中的安全措施。通过对本章的了解，读者可以快速明确书籍结构，掌握数据应用基本概念和关键事项，为后续章节学习提供基础。

---

❶ 非负面清单：数据共享非负面清单是指无需数据提供部门审核，可直接发起共享使用申请的数据清单。

第2章

数 据 获 取

数据获取是指从业务系统、数据中台等平台获取业务数据的过程，获取方式包括但不限于直连数据库、API 接口调用等，为进一步开展数据处理、分析和应用提供支撑，进而支持决策和解决问题。本章节将详细介绍数据目录、共性数据集、API 接口调用和数据库连接四种数据获取渠道。

2.1 数 据 目 录

数据目录是数据中台面向用户的展示窗口，用户通过浏览器输入网址 http：//25.34.59.33：18080/hulk - ui/即可访问。提供中台数据查询、申请的能力，数据目录页面如图 2-1 所示。

图 2-1 数据目录页面

页面左侧为导航栏，包括业务系统目录和数据中台目录。

业务系统目录：本目录包含一级部署系统和二级部署系统，主要采集各业务系统数据库表，在此基础上完善表名、字段名等中文信息，主要用于查询各专业基础数据清单。

数据中台目录：本目录包含共享层目录和分析层目录，其中共享层目录是经中台汇聚各专业基础数据，按照国家电网有限公司统一数据模型（SG-CIM）标准转化后的数据目录，主要面向用户开展数据查询、申请、使用；分析层目录是各专业应用人员构建的场景化数据清单形成的数据目录，主要用于各专业清晰管理。

页面右侧展示各个目录下每张数据表的概览、字段、血缘关系、关联关系等信息，支持用户对所需数据表进行搜索、查询、加入申请箱等操作，数据表各类信息描述如表 2-1 所示。

表 2-1　　　　　　　　　　　　　　数据表信息描述

序号	表详情	描述
1	概览	展示表中文名、表英文名、表描述、最后更新时间、是否属于负面清单、字段数量、创建人等
2	字段	展示表字段的中文名、英文名、字段描述等
3	血缘关系	展示贴源层与共享层所选表、字段的对应关系
4	关联关系	展示所选表主键与关联表外键的关系

2.1.1　数据查找

数据查找依托数据目录进行所需数据表查询的过程，然后依次点击【资源目录】→【数据目录】→【全部目录】进行数据表查询操作。

用户可通过关键词模糊搜索或通过表中文名、表英文名、表描述等条件精确搜索完成数据表查询，获取所需的数据资源。其操作步骤为：查找表→确认表，表查询条件如图2-2所示。

图 2-2　数据查找

➤ 场景示例

某公司员工需要查询"系统用户信息表"，以便进行数据申请、报表需求开发。在数据目录应用中具体操作步骤如下：

第一步，查找表：依次点击【资源目录】→【数据目录】→【全部目录】进入数据目录应用页面。在左侧目录树中找到【数据中台目录】→【共享层目录】，在右侧搜索框中输入"系统用户信息"进行模糊搜索，如图2-3所示。

图 2-3　查找表

第二步，确认表：点击搜索结果进入表详情页面通过查看表概览信息、字段信息、血缘关系、关联关系等，确认所需数据表，表详情页面如图 2-4 所示。

图 2-4　确认表

小贴士

模糊查询功能支持通过多个关键词查询，多个关键词以空格隔开即可。

2.1.2　数据申请

数据申请是指第一次使用该数据表的用户完成表操作权限申请的过程。其操作步骤为：数据查找→加入申请箱→发起申请、填报工单→查看申请进度。

➢ 场景示例

某公司员工在数字化示范工作中需要申请"系统用户信息表"的使用权限，以便进行报表需求开发。具体操作步骤如下：

第一步，数据查找：操作流程参考 2.1.1 数据查找章节。

第二步，加入申请箱：点击查询到的结果表右侧【加入申请箱】按钮，将用户需要申请的表放入申请箱中，如图 2-5 所示。

第三步，发起申请、填报工单：依次点击【资源申请】→【申请箱】进入申请箱页面，勾选需要申请的表后点击【批量申请】进入工单填报页面，如图 2-6 所示。

图 2-5　加入申请箱

图 2-6　发起申请

在工单填报页面中用户依次填入"使用地点""申请人联系方式""申请理由"后，点击【提交审批】，进入表申请工单流转环节，等待信通公司审批人员审批，申请单样式如图 2-7 所示。

　　第四步，查看申请进度：在审批期间，用户点击菜单【个人工作台】，找到对应工单点击【流程图】→【详情】查看工单流程图进度以及审批历史，个人工作台样式如图 2-8 所示。

　　表申请工单审批历史如图 2-9 所示。

图 2-7 填写申请单

图 2-8 个人工作台

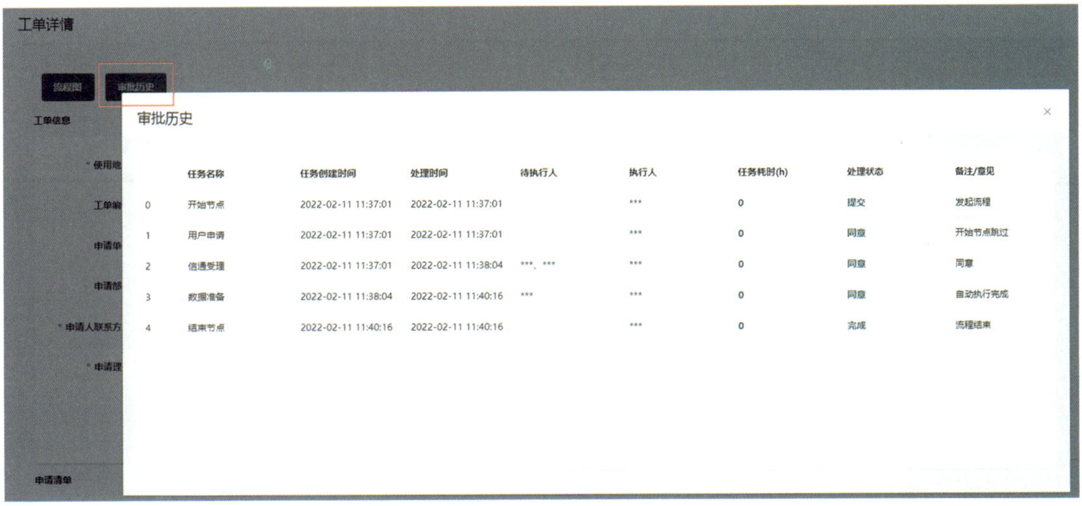

图 2-9 审批历史

小贴士

（1）数据申请仅支持申请数据中台目录下"共享层目录"中的数据表。

（2）在申请负面清单、非负面清单数据表时，系统会自动拆分为两个工单进行提报。其中负面清单平均审批通过时间3天，非负面清单平均审批通过时间1天。

（3）支持多表一起加入申请箱。

2.2　共性数据集应用

共性数据集应用是在数据目录基础上，通过合并基层共性需求，提取关键字段整合形成的业务宽表集合，数据集中的数据均为生产环境真实数据。共性数据集支持两种访问方式：

一是通过浏览器输入网址 http：//25.34.59.33：18080/hulk－ui/，然后依次点击菜单【资源目录】→【共性数据集目录】→【我的目录】进行数据宽表的查询与应用。

二是通过浏览器输入网址 http：//open.sgcc.com.cn，进入"数字化能力开放平台"，然后点击【基层数据服务专区】进行数据宽表的查询与应用。

2.2.1　数据查找

数据查找是指基于基层数据服务专区或数据门户，获取所需数据资源的过程，操作步骤为：查找表→确认表。

第一步，查找表： 在右侧搜索界面，通过关键词模糊搜索或通过业务系统、业务标签、字段标签、表中文名、表英文名、表描述等条件精准搜索相关数据宽表，搜索界面如图 2-10 所示。

图 2-10　查找表

搜索结果条目中包含业务系统、业务标签、字段标签等，展示该数据宽表的业务常用语，帮助用户快速定位宽表，宽表业务常用语如表 2-2 所示。

表 2-2   宽表业务常用语描述

序号	名称	用途描述
1	业务标签	工作流程、业务活动常用口语
2	业务系统	宽表所属业务系统的口语名称
3	字段标签	按类型对字段进行归类，采集信息、用户信息等，快速了解都哪些信息，用起来更快

同时，可通过点击搜索结果条目中的【血缘】按钮，查看该数据表中字段在共性数据集、中台共享层表和源系统表之间的关系，帮助用户快速了解各字段来源，如图 2-11 所示。

图 2-11　血缘关系表

第二步，确认表：在搜索结果中点击右侧【概览】按钮，查看该表的概要信息，确认是否为所需表，表概要信息如图 2-12 所示。

图 2-12　确认是否为所需表

2.2.2 数据在线应用

数据在线应用主要是基于类 Excel 工具，对查找到的数据表进行加工处理，并按需生成应用场景。主要分为在线 Excel 应用、报表工具应用及 BI 工具应用。同时，在页面中提供"列筛选""列保存"功能，支持对常用的数据字段进行保存处理，主要操作如下：

列筛选：打开【资源目录】→【共性数据集目录】→【我的目录】→【数据】，勾选所需列后点击【列筛选】按钮，页面仅显示冻结列与勾选列数据，点击【重置】按钮还原数据集。

列保存：在列筛选后点击【列保存】按钮，用户在关闭页面后再次访问该数据集时，仅显示用户上次保存列，点击【重置】并【列保存】后，还原数据集，如图 2-13 所示。

图 2-13 列保存

1. 在线 Excel 获取数据集

该功能通过在线 Excel 获取数据集，并完全复制 Excel 能力，企业员工可以在熟悉的操作方式中进行数据筛选、排序、删除等 Excel 操作，使用路径为【资源目录】→【共性数据集目录】→【我的目录】→【数据】→【在线 Excel】，在线 Excel 应用页面如图 2-14 所示。

图 2-14 在线 Excel 工具

在线 Excel 工具处理数据后，可通过点击【保存】按钮将数据处理结果创建为自己的专属数据集，在日后的工作中重复应用，查找保存结果的路径为：【资源目录】→【共性数据集目录】→【我的 Excel 报表】，如图 2-15 所示。

图 2-15　保存数据集

对于需求较大、共享意义较强的数据集成果，用户可进行发布操作，被赋予权限的组织或个人可查看并应用此数据集成果，操作步骤如图 2-16 所示。

图 2-16　Excel 报表发布

2. 报表工具获取数据集

基于"2.2.1 数据查找"的搜索结果点击右侧【报表工具】键，一键唤醒报表工具并获取对应数据集数据，然后进入设计界面。具体报表设计操作参考报表工具应用章节，报表工具按钮位置如图 2-17 所示。

图 2-17　报表工具

3. BI 工具获取数据集

基于"2.2.1 数据查找"的搜索结果点击右侧【BI 工具】键，一键唤醒 BI 工具并获取对应数据集数据，然后进入设计界面。具体 BI 设计操作参考 BI 工具应用章节，BI 工具按钮位置如图 2-18 所示。

图 2-18　BI 工具

➢ 场景示例

某公司员工查询"计量资产信息宽表"中"某户中通管道"数据并打印，以便去现场核实工作。具体操作步骤如下：

第一步，模糊查询：查询"计量资产信息宽表"，在搜索框中输入"计量"点击搜索键进行查询，如图 2-19 所示。

图 2-19　模糊查询

第二步，查看具体宽表数据：点击【数据】键，查询宽表具体数据，宽表具体数据如图 2-20 所示。

图 2-20　查看具体宽表数据

第三步，数据结果查询：在"户名"字段模糊搜索关键词"中通"，如图 2-21 所示。

图 2-21　数据结果查询

第四步，列筛选：本次业务只需要户名、计量方式、电表资产号，勾选需要字段并点击【列筛选】，如图 2-22 所示。

图 2-22　列筛选

第五步，使用在线 Excel 操作数据：进入 Excel 并打印：点击【在线 Excel】进入传统 Excel 风格编辑页面，点击【打印】，将打印内容带去现场作业，在线 Excel 工具页面如图 2-23 所示。

图 2-23　使用在线 EXCEL 操作数据

第六步，结果保存：在第五步结果中点击【保存】按钮保存成果数据，如图 2-24 所示。

第七步，查看成果数据：通过路径【资源目录】→【共性数据集目录】→【我的 Excel 报表】找到对应成果，以便对成果再次编辑，结果数据如图 2-25 所示。

图 2-24　结果保存

图 2-25　查看结果数据

小贴士

（1）共性数据集所提供查询的数据皆为真实数据。

（2）在线 Excel 功能仅支持处理最高 6 万条数据。

（3）如需使用 BI 工具进行开发可与信通公司沟通开通防火墙配置。

（4）如有新增业务需求，可上报本公司数字化部，由本公司统一丰富完善。

2.3　API 接口调用

API 接口调用是指通过云管理平台配置数据服务 API 接口，数创平台报表工具依托调用程序数据集的方式调用指定的 API 服务获取数据的过程。

2.3.1　数据服务

数据服务创建需登录云管平台，登录步骤为：【首页】→【智能数据湖运营平台】→【控制台】→【数据服务】。服务创建分为共享版和专享版，共享版可满足数据量或业务量不大的应用使用，专项版则可以为数据或业务量特别大的应用提供服务，如需使用专项版需向云平台申请资源，具体规格视业务量而定。

第一步，API 设计：进入数据服务，点击【共享版】，进入 API 管理，点击【新建】按钮进入 API 设计页面，输入对应的 API 设计信息完成 API 基本信息配置，API 设计页面如图 2-26 所示。

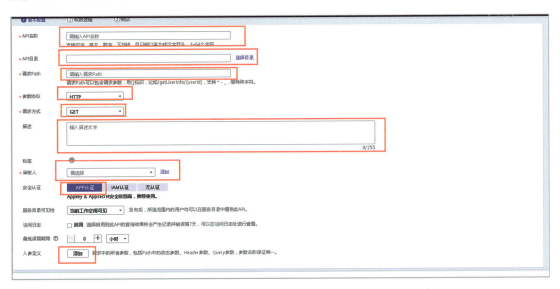

图 2-26　API 设计页面

API 设计页面配置项说明如表 2-3 所示。

表 2-3　　　　　　　　　　　　　　API 设计页面配置项说明表

配置项	配置项说明
API 名称	〔请求方式〕_〔业务应用中文名称〕_〔业务场景中文名称〕_〔结果表中文名称〕_〔结果表英文名称〕_〔统计或查询口径〕
API 目录	选择相应的目录
请求 Path	/〔一级业务域简称〕/〔数据来源业务应用中文名首字母〕/〔数据源类型〕/〔请求方式_结果表英文名称_统计或查询口径〕
参数协议	按照需求选择，一般选用 HTTP，HTTPS 更安全但调用时需要导入证书，如果应用端没有导入相应证书请使用 HTTP，否则无法调用
请求方式	按照需求选择 GET 或者 POST

配置项		配置项说明
描述		｛为××场景提供××信息。入参：××、××；返回值：××、××等核心字段。其中，入参中××、××为必填｝。例：为窃电风险分析提供用电客户信息。输入参数：供电单位编码；返回参数：用电客户总数量、用电客户类型等核心字段；其中入参为必填
标签		可自定义添加标签，默认无
审核人		无特殊要求可以设置当前账号为审核人
安全认证		一般选用 APP 认证
服务目录可见性		依据需求选择
访问日志		默认不开启，选择启用则此 API 的查询结果将会产生记录并被保留 7 天，可以在访问日志处进行查看
最低保留期限		API 解绑前预留的最低期限。API 进行停用/下线/取消授权时，会通知已授权用户，并为用户预留至少 X 小时，直到所有授权用户均完成解除或处理，或者到达截止时间，API 才会停用/下线/取消授权。0 表示不设限制。（默认无需填写）
入参定义	参数名称	按照需求命名，例：param
	参数位置	按照需求选择（默认 QUERY 即可）
	类型	number 和 string
	默认值	给参数一个默认的值
	必填	默认必填
	示例值	给参数一个样例值
	描述	对该参数进行简单的描述

第二步，API 开发：API 基本信息配置完成后，进入到取数逻辑配置界面。取数方式可分为配置方式和脚本方式：配置方式无需编写 sql 脚本，通过点选的方式选择数据链接的指定数据表，然后配置输入参数和返回参数；脚本方式通过 sql 脚本编辑动态入参和结果返回参数。取数逻辑配置界面如图 2-27 所示。

图 2-27　取数逻辑配置界面

取数逻辑配置页面配置项说明如表 2-4 所示。

表 2-4　　　　　　　　　　　　取数逻辑配置页面配置项说明表

配置项	配置项说明
取数方式	按照需求选择
数据源类型	选择对应的数据库
数据连接	选择对应的数据连接
数据库	添加对应的数据库
数据表	添加对应的数据表名（若取数方式选择脚本方式没有此项）
参数设置	按需求选择请求参数和返回参数（若取数方式选择脚本方式没有此项）
脚本编辑	按照需求定义 SQL 语句（若取数方式选择配置方式没有此项）

第三步，API 测试发布：选择好参数，点击【开始测试】后页面右侧输出结果，测试完成后方可进行发布申请环节，否则不能提交申请，提交发布申请后须由审核人员审核，审核通过后则发布成功。API 测试页面如图 2-28 所示。

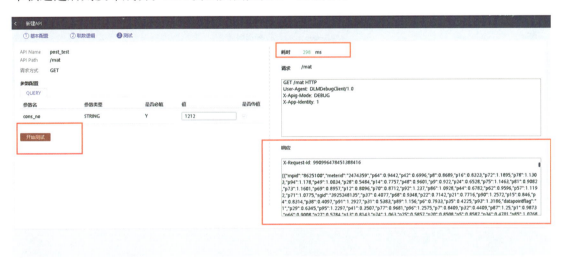

图 2-28　API 测试页面

第四步，API 绑定授权应用：发布审核通过后，将 API 调用权限授权给对应的应用，授权完成后可通过 APPKey、appSecrect、URL、ApiID 等关键信息进行服务调用。授权按钮位置如图 2-29 所示。

2.3.2　程序数据集

程序数据集是指基于数创平台报表工具支持的程序数据集，用户将 API 调用程序封装成自定义程序数据源，可在数据集处添加【程序】数据集使用。按钮位置如图 2-30 所示。

封装程序数据集具体操作步骤如下：

第一步，定义程序数据源：将数创平台报表工具编译好的程序数据源 class 文件，导入至本地设计器复制到％FR_HOME％\webapps\webroot\WEB-INF\classes\com\fr\data 工程目录下。工程目录路径如图 2-31 所示。

图 2-29　API 绑定授权按钮位置

图 2-30　程序按钮位置

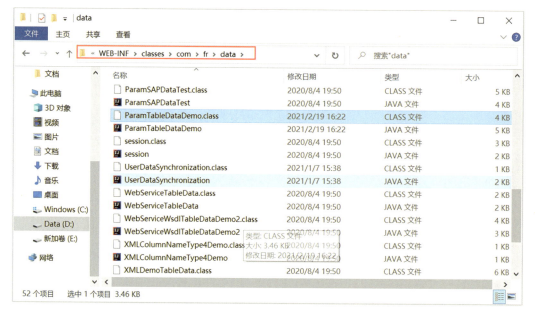

图 2-31　工程目录路径

第二步，创建程序数据集：在数据集管理面板新建程序数据集，选择已经定义好的 class 文件，并配置 API 接口所需参数，操作步骤如图 2 - 32 所示。

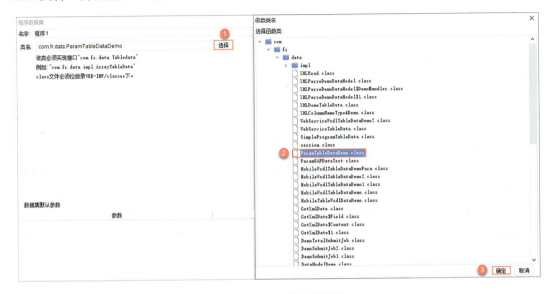

图 2 - 32 新建程序数据

第三步，使用程序数据集：选中新建的程序数据集，点击预览按钮，预览无误后，将数据字段拖拽至指定单元格，完成数据服务的调用，操作步骤如图 2 - 33 所示。

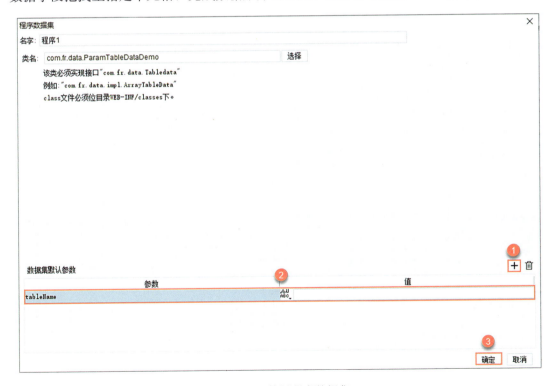

图 2 - 33 使用程序数据集

2.4 数据库连接

数据库连接是指通过访问探索区，使用数据库管理工具登录数据库，并建立连接来获取数据中台数据的过程。

2.4.1 探索区访问

前文提到数据中台具有数据汇聚和数据服务的作用，它是公司业务运转的正式环境，考虑到在数据中台直接进行数据处理可能会引起运行风险，同时为了让企业员工更加安全便捷地应用中台数据，公司在正式环境基础上，构建数据应用探索区，为企业员工提供数据处理应用的试验空间。目前每个单位探索区单独部署，互不干扰，通过具有行为审计功能的堡垒机进入，下面对具体操作进行说明。

通过浏览器 https：//25.34.0.92：443 地址登录堡垒机，登录后选择左侧控制面板→运维→主机运维。用户可选择本地客户端或 H5 客户端两种方式登录，如图 2-34 所示。

图 2-34　进入探索区

小贴士

（1）目前各地市单位均有对应探索区账号，如本部探索区账号为 tj_tsq_bb01，静海探索区账号为 tj_tsq_jh01 等。

（2）主机运维登录时本地客户端登录需要下载"单点登录器"并安装插件。H5 客户端不需要对应的插件，点击后直接跳转到网页界面使用，但由于 H5 客户端使用浏览器资源，加载速度慢，建议使用本地客户端登录。

2.4.2 数据库获取数据

数据库获取数据指的是使用数据库管理工具连接数据源，对数据进行查找和修改等操作。登录探索区后可找到数据库管理工具 Data Studio，用来连接数据中台 DWS 数据库，其操作步骤为：连接数据库→新建数据查询。

　　第一步，连接数据库： 打开 Data Studio 工具，选择要连接的数据库类型为 GaussDB 100，并编辑好数据连接所需的信息，如图 2 - 35 所示。

图 2 - 35　连接数据库

　　第二步，新建数据查询： 选择新建查询，在操作面板中输入查询语句（3.1 章将详细介绍），点击【运行】按钮，如图 2 - 36 所示。

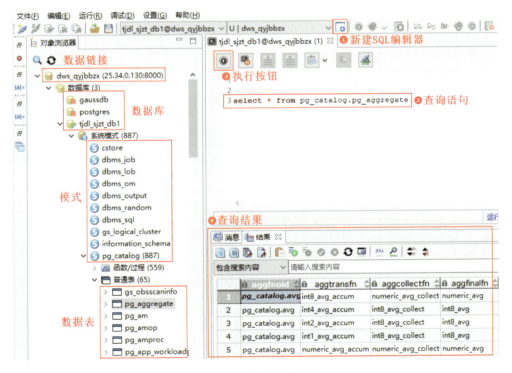

图 2 - 36　新建数据查询

本 章 小 结

　　本章详细介绍了数据获取的四种方式，帮助读者掌握数据获取的常见方法，一是数据目录，适用于单表数据查询，便于初学者掌握；二是共性数据集应用，适用于单表数据查询或多表关联，便于有一定业务基础的人员快速掌握、使用；三是 API 接口调用，适用于批量数据处理，便于有一定编程基础的人员使用；四是数据库连接，适用于批量数据处理、多表关联等复杂工作，便于有一定编程基础的人员使用。通过本章的学习，希望读者具备独立开展数据获取的能力，更好地掌握数据获取技巧，进一步实现数据赋能业务高效开展。

练一练

　　习题 1：登录数据门户，在数据中台内查找出营销专业非负面清单的一张共享层的数据表，加入申请箱，并发起数据申请的工单流程。

　　习题 2：使用 Data Studio 工具新建数据连接，访问数据中台分析层，并找到某一张数据表。

　　习题 3：请使用用户月应收信息宽表"dws_cst_yhdldf"使用在线 Excel 功能或者创建 BI 报表。

第3章

数 据 处 理

本章的数据处理主要对数据查询、数据计算和数据存储的具体过程进行介绍，包括单表数据查询、多表关联查询等，查询后的数据进行存储后，可通过调度工具进行自动运行。数据处理流程如图 3-1 所示。

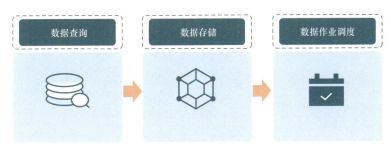

图 3-1　数据处理流程

3.1　数 据 查 询

数据查询是指应用查询语句，对数据库中的数据进行筛选合并。数据中台查询数据主要应用的是 SQL 语法，常用的去重、分组、筛选、合并等操作，都可以通过 SQL 中的 SELECT 基础语法完成。

3.1.1　基础语法应用

SELECT 基础语法是最基础的查询方式，其结构如下：

1 SELECT 字段 1,字段 2,字段 3(查找对应字段)

2 FROM 表 1(从对应表中)

3 WHERE 条件 1 AND 条件 2(按照对应的条件规则)

▶ 场景示例

某公司员工需要获取本单位 2023 年 5 月 1 日至 2023 年 5 月 20 日远程充值下发失败明细，可通过查询共性数据集远程充值下发明细宽表（表英文名：DWS_CST_YCC-ZXFMX），筛选购电时间、下发标志等信息获取，SQL 语句如下：

1. SELECT

2. *

3. FROM

4. dws_cst_ycczxfmx

5. WHERE

6. stddepartment = '蔡公庄供电服务中心' ——（条件 1：单位为蔡公庄）

7. AND

8. send_flag = '未下发' ——（条件 2：下发标志为未下发）

9. AND

10. cons_sort_name = '低压居民' ——（条件 3：用户类别为低压居民）

查询语句及结果如图 3-2 所示。

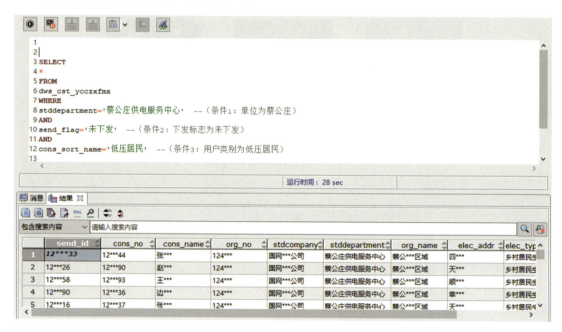

图 3-2　远程充值下发失败明细结果

 小贴士

（1）"SELECT * FROM..."中的"*"代表查询数据表中的所有字段。

（2）数据库访问工具输入数据表首字母时候可以联想出相关数据表。

（3）一般不会查询全量数据，需要加过滤条件或条数限制，否则会导致查询时间过长。

（4）SQL 中每行后面加"——"是对这行 SQL 的注释。

（5）SQL 中查询语句不区分大小写。

3.1.2 多表连接应用

多表连接指的是查询语句中包含多个数据表，对应数据表中需要有相同的字段用以支持表间关联，可分为内连接、左连接和右连接三种类型。

内连接查询：选取两个表中用关联字段匹配出来的交集数据。

左连接查询：选取第一个表中的所有记录以及第二个表中用关联字段匹配出的数据。

右连接查询：选取第二个表中的所有记录以及第一个表中用关联字段匹配出的数据。

三种连接类型如图 3-3 所示。

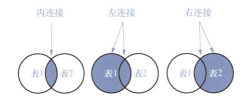

图 3-3 三种数据库连接关系

➤ 场景示例

以某公司营配贯通核查场景为例，需要查找营销台区与设备变压器的匹配情况。共分为三种需求：①查找营销台区表与设备变压器表中全部匹配上的信息；②查找营销台区表的全量信息及设备变压器表中能匹配到的信息；③查找设备变压器表的全量信息及营销台区表中能匹配到的信息。三种需求分别对应三种连接方式，具体操作如下：

1. 内连接查询

内连接语法结构为：

```
1. SELECT 字段列表
2. FROM 表 1  INNER  JOIN  表 2 ON 表 1. 字段 = 表 2. 字段
3. WHERE 条件列表
```

营配贯通核查场景内连接查询 SQL 语句为：

```
1. SELECT
2. a. adj_Volt_Dev_ID AS 营销侧设备编码
3. a. dev_Name AS 营销侧设备名称
4. b. sbmc AS 设备侧设备名称
5. b. sbbm AS 设备侧设备编号
6. FROM
7. 7. fct_grid_ypgtyxtzinnner_y_i a
8. INNER JOIN fct_grid_ypgtsbtzinnner_y_i b
9. ON b. obj_id = a. pms_equip_id
```

查询结果如图 3-4 所示。

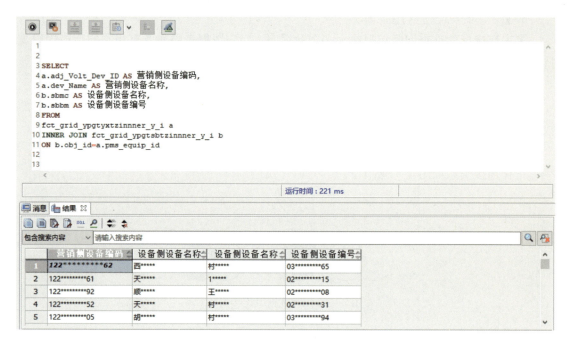

图 3-4　营配贯通内连接查询结果

2. 左连接查询

左连接语法结构为：

1. SELECT 字段列表

2. FROM 表 1 LEFT JOIN 表 2 ON 表 1. 字段 = 表 2. 字段

3. WHERE 条件列表

营配贯通核查场景左连接查询 SQL 语句为：

1. SELECT

2. a.adj_Volt_Dev_ID AS 营销侧设备编码

3. a.dev_Name AS 营销侧设备名称

4. b.sbmc AS 设备侧设备名称

5. b.sbbm AS 设备侧设备编号

6. FROM

7. fct_grid_ypgtyxtzleft_y_i a

8. LEFT JOIN fct_grid_ypgtsbtzleft_y_i b

9. ON b.obj_id = a.pms_equip_id

查询结果如图 3-5 所示。

3. 右连接查询

右连接语法结构为：

1. SELECT 字段列表

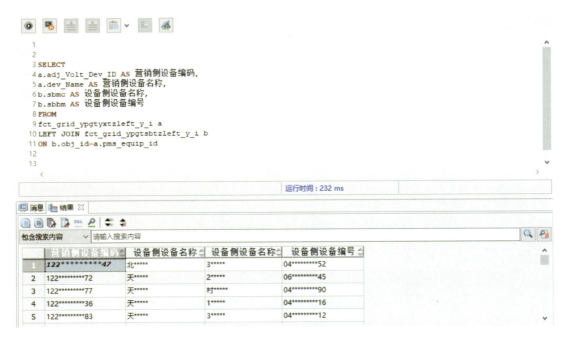

图 3-5　营配贯通左连接查询结果

2. FROM 表 1 RIGHT JOIN 表 2 ON 表 1. 字段 = 表 2. 字段

3. WHERE 条件列表

营配贯通核查场景右连接查询 SQL 语句为：

1. SELECT

2. a. adj_Volt_Dev_ID AS 营销侧设备编码，

3. a. dev_Name AS 营销侧设备名称，

4. b. sbmc AS 设备侧设备名称，

5. b. sbbm AS 设备侧设备编号

6. FROM

7. fct_grid_ypgtyxtzright_y_i a

8. RIGHT JOIN fct_grid_ypgtsbtzright_y_i b

9. ON b. obj_id = a. pms_equip_id

查询结果如图 3-6 所示。

小贴士

（1）多表连接时，通常会给字段和表起别名，字段起别名语法为字段后面跟"as 别名名称"，表起别名直接在表后面加字母。

（2）多表连接查询的前提是表中必须有相同意义的字段（名称可以不同），如示例中的营销台区表变压器编号（obj_id）与设备变压器表中变压器编号（pms_equip_id）。

（3）用内连接语句时，可以不用写"INNER　JOIN"，程序默认识别为内连接。

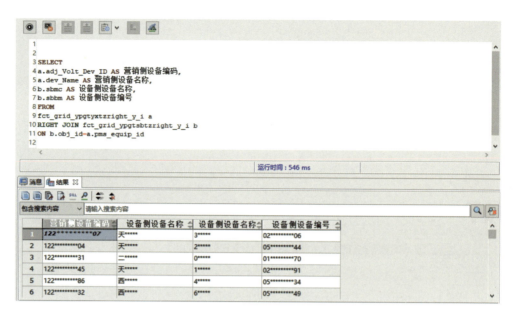

图 3 - 6　营配贯通右连接查询结果

3.1.3　简单函数应用

函数是数据库中定义好的一段程序，将同类型的运算操作进行封装，用户可以通过调用函数名实现求和、去重、截取等操作。部分函数需要进行参数设定才能调用。常见的数据库函数语法结构，如表 3 - 1 所示。

表 3 - 1　　　　　　　　　常见的数据库函数语法结构表

语法结构	函数用途	函数类型	函数简介
count（＊）	数量函数	聚合函数	返回满足 where 条件中的记录数
sum（字段名）	求和函数	聚合函数	返回某一列的所有数值的和
avg（字段名）	平均数函数	聚合函数	返回某一列的平均值
max（字段名）	最大函数	聚合函数	返回某一列中的最大数值
min（字段名）	最小函数	聚合函数	返回某一列中的最小数值
abs（字段名）	绝对值函数	数学函数	返回给定数字的绝对值
length（字段名）	长度函数	文本函数	返还给定字符串的长度
substr（字段 1，a，n）	字符串截取函数	文本函数	提取字段 1 值中位置为 a 开始，取 n 位字符
to_char（字段名'转换格式）	文本转换函数	类型转换函数	将时间字段类型转换为文本类型
Now（）	时间函数	日期函数	返回当前时间
distinct（字段名）	去重函数	筛选函数	返还给定字段去重后的内容

在查询语句中，函数通常需要跟相关字段结合应用，可以用在 SELECT 后面及 WHERE 条件后面。

此外需要特殊说明的是，聚合函数通常涉及分组统计，其语法结构如下：

1. SELECT 函数 1，函数 2（需要进行函数处理的字段）

2. FROM 表 1（对应数据表名）

3. WHERE 条件 1 AND 条件 2（按照对应的条件规则）

4. GROUP BY 维度 1，维度 2（分组字段）

➢ 场景示例

某公司员工需要统计本单位各供电服务中心 2023 年 5 月的用户数量和电量并记录统计时间。由于电量数据表（DWS_CST_YHDLSJ）中为用户日电量明细表，因此需要用到对应的求和、求数量聚合函数，并用供电服务中心名称分组，SQL 语句如下：

1. SELECT

2. substr(stdcompany,4,2) AS 单位简称，

3. Stddepartment AS 服务中心，

4. count(cons_no) AS 用户数量，--（返回用户数量）

5. sum(pap_e) AS 电量，--（返回求和的电量）

6. now() 统计日期 --（返回当前时间）

7. FROM

8. dws_cst_yhdlsj

9. WHERE

10. Stdcompany = '某公司'

11. AND

12. to_char(data_date,'yyyy-mm') = '2023-05'--（日期格式转成字符格式）

13. GROUP BY

14. stdcompany,stddepartment；--（按供电服务中心分组）

查询语句及结果如图 3-7 所示。

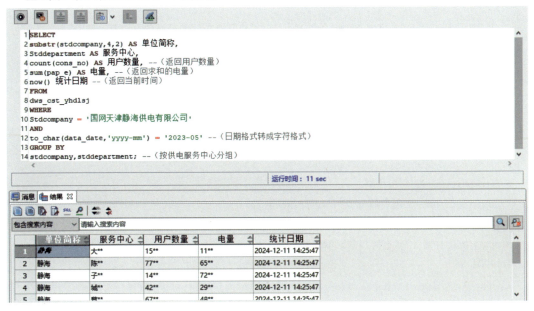

图 3-7 统计结果

小贴士

由于数据库类型差异，部分函数在两类数据库中语法结构不同，现有 RDS 数据库不支 to_char（字段），需改为 cast（字段）。

3.2 数据存储

数据存储指的是将查询到的数据存储下来，方便后续的分析应用。目前数据库支持存储结果和存储逻辑两种方式。存储结果表即为新建数据库表，将查询内容放到新建的表中，其特点为提升数据读取效率但会占用数据库存储空间；存储逻辑在数据库中叫作新建视图，以虚拟表的形式将查询数据的逻辑进行存储，虚拟表也支持工具直接调用，其特点为不占用数据空间，方便逻辑的优化调整，但每次应用视图均视为重新执行查询语句，遇到数据量较大的表时，比较耗时。

3.2.1 实体表存储

实体表也叫作物理表，存储的是实际数据。对于应用中台数据的场景，数据查询结果确认符合需求后，即可执行实体表创建操作；对于填报类的场景，则需要建一张不含数据的空表，存储线上填报的数据。

1. 查询结果实体表创建

存储查询结果的语法结构如下：

1. CREATE TABLE 表名

2. AS

3. SELECT 字段列表 FROM 表名 WHERE 条件列表（这里可复制写好的查询数据语句）

以需要存储查询到的某公司各所用户数和总电量数据为例，其 SQL 语句如下：

1. CREATE TABLE

2. dim_cstjh_yhdlmx_tmp_di AS

3. -- 以下为 2.3.3 章节用的查询语句

4. SELECT

5. substr(stdcompany,4,2) AS 单位简称,

6. Stddepartment AS 服务中心,

7. count(cons_no) AS 用户数量, --（返回用户数量）

8. sum(pap_e) AS 电量, --（返回求和的电量）

9. now() 统计日期 --（返回当前时间）

10. FROM

11. dws_cst_yhdlsj

12. WHERE

13. stdcompany ='国网天津静海供电有限公司'

14. AND

15. to_char(data_date,'yyyy-mm') ='2023-05'--（日期格式转成字符格式）

16. GROUP BY

17. stdcompany,stddepartment；--（按供电服务中心分组）

2. 不含数据的空表创建

新建空表的语法结构如下：

1. CREATE TABLE 表名(

2. 字段 1 字段类型 PRIMARY KEY,

3. 字段 2 字段类型 NOT NULL

4.)；

➤ 场景示例

某公司员工需要创建一个本单位台区、班组、台区经理和小区台账的对应表，该表支持线上填报修改，其 SQL 语句如下：

1. CREATE TABLE dim_cstjh_xq_tgjl_bz_tmp_df (

2. id varchar(255) PRIMARY KEY, --序号

3. tg_no varchar(255) NOT NULL, --台区编号

4. tg_name varchar(255) NOT NULL, --台区名称

5. bzmc varchar(255), --班组名称

6. tqjl varchar(255), --台区经理

7. xqmc varchar(255), --小区名称

8.)；

小贴士

（1）表名称和表字段一般都用英文，这样可以提升数据的读取效率。

（2）创建表的第一个字段通常为序号或者编号，可以用来与别的数据表进行关联。

（3）创建表的时候可以加入一些限制条件，比如字段类型、字段不为空等。

3.2.2 虚拟表存储

虚拟表同实体表一样，包含一系列带有名称的列和对应的数据，但数据是在引用视图时即时运算、动态生成。其语法结构如下：

1. CREATE VIEW 视图名

2. AS

3. SELECT 字段 1,字段 2,字段 3 FROM 表名 1（查询数据时的语句）

➤ **场景示例**

以统计各供电公司的故障抢修工单数为例，可以应用视图存储方式，其 SQL 语句如下：

```
1. CREATE VIEW
2. im_cstjh_pqztgd_tmp_view AS
3. SELECT
4. ssgddwmc, -- 单位名称
5. count(1) 工单数量
6. FROM
7. dws_grid_qxgdjl -- 故障抢修明细表
8. WHERE
9. qxdzt not in ('已作废','已归并','已归档')
10. GROUP BY
11. ssgddwmc
```

小贴士

（1）视图名称不能和同数据库下数据表名相同。

（2）由于每次运行视图可即时查询并获取源表最新数据，对于数据时效性要求高，且源表数据量不大情况下，可以应用视图虚拟表存储。

 3.3 数据作业调度

数据作业调度指的是按需求自动执行数据加工处理任务，主要包括生效时间、调度周期、开始时间、间隔时间、结束时间等。数据中台提供了配套的数据治理中心 DataArtsStudio，其操作步骤为：登录 ManageOne→选择数据治理中心 DataArtsStudio→选择工作空间→创建数据连接→新建作业→配置执行规则→配置执行频度。

图 3-8 打开调度工具

第一步，打开调度工具： 打开浏览器，输入 https://auth.sgic.sgcc.com.cn/mologinagentwebsite/loginView.html ♯/login/authenticate，登录后依次点开服务列表→企业智能服务→数据湖治理中心 DGC，如图 3-8 所示。

第二步，选择工作空间： 依据应用场景划分工作空间，主要包括数据接入整合以及场景建设两大类。数据接入整合主要

包括数据接入、清洗以及转换工作，场景建设包括各类应用数据计算等工作。平时常用于数据定时更新，具体操作步骤如下：找到所对应的工作空间（或者点击【更多】按钮，找到对应的工作空间），点击【数据开发】，如图3-9所示。

图 3-9　选择工作空间

第三步，创建数据连接：点击【连接管理】→【新建数据连接】→【选择数据连接类型】，进入数据源配置界面并填好相关信息，点击【测试】按钮，成功后完成配置，如图3-10所示。

第四步，新建作业：返回到数据开发页面，【鼠标右键】→【新建目录】→【新建作业】，编辑带"＊"号的必填信息，点击【确定】按钮，如图3-11所示。

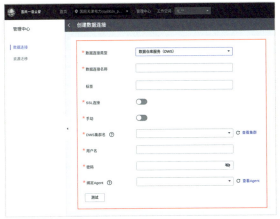

图 3-10　创建数据连接　　　　　　图 3-11　新建作业

第五步，配置执行规则：拖拽要使用数据库的对应的脚本节点，将编辑好的 SQL 语句填入到相应对话框中并设置数据库连接信息：如图3-12所示。

第六步，配置执行频度：点击空白处，点击右侧【调度配置】按钮，选择周期调度，再选择调度周期和执行时间。填写好信息后点击【保存并提交版本】按钮，再点击【执行调度】按钮，如图3-13所示。

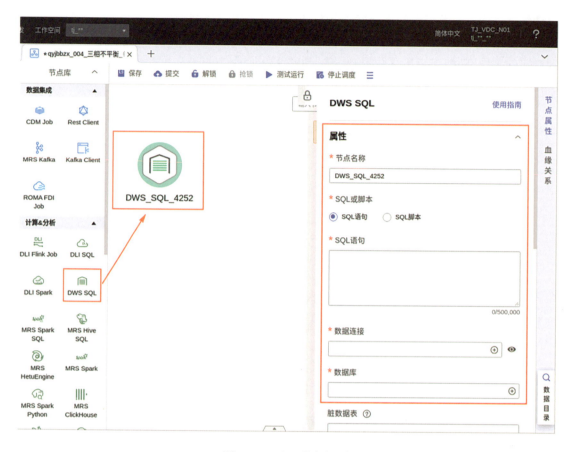

图 3-12　配置执行规则

图 3-13　配置执行频度

本 章 小 结

本章深入探讨了数据处理的流程，为数据处理提供了一套详尽的操作说明，帮助读者熟悉数据处理的常见方法，快速掌握数据查询的基础语法、多表连接和简单函数，数据存储的方式、方法，以及数据作业调度的操作和配置流程。通过本章的学习，希望读者具备独立开展数据查询、数据存储和数据作业调度的能力，更好地满足业务需求。

 练一练

习题1：数据集 dsjjs_01_pbzgz 为 2018 年至今某公司各单位配电（柱上）变压器每日发生重过载的数据，请计算出 2022 年 1 月 1 日至今最大负载率≥120 的所有配电变压器明细数据，数据集表结构如表 3-2 所示。

表 3-2　　　　　　　　　　　**dsjjs_01_pbzgz 数据集表结构**

序号	字段名	中文名称	序号	字段名	中文名称
1	dwmc	单位名称	5	zdfzl	最大负载率
2	Pbid	配变 id	6	fssc	发生时长
3	riqi	日期	7	pbrl	配变容量
4	zgz	重过载标识	⋮	—	—

习题2：数据集 dsjjs_01_ykbz 为 2022 年某公司业扩报装工单数据，请筛选出工单开始时间为 2022 年 5 月、产业名称为空的工单数据；dsjjs_01_ykbz 数据集表结构如表 3-3 所示。

表 3-3　　　　　　　　　　　**dsjjs_01_ykbz 数据集表结构**

序号	字段名	中文名称	序号	字段名	中文名称
1	ORG_NAME	单位名称	5	RUN_CAP	运行容量
2	TRADE_NAME	产业名称	6	CONCAT_CAP	合同容量
3	APP_NO	申请编号	7	BEGIN_DATE	工单开始时间
4	BUSI_TYPE	业务类型	8	END_DATE	工单结束时间

习题3：数据集 dsjjs_01_lsyd 为 2018 年至今某公司各单位临时用电用户的数据，请计算出用户分类为高压的所有用户明细数据，数据集表结构如表 3-4 所示。

表 3 - 4　　　　　　　　　　　**dsjjs_01 _lsyd 数据集表结构**

序号	字段名	中文名称	序号	字段名	中文名称
1	dwmc	单位名称	7	sdrq	送电日期
2	yhfl	用户分类	8	lsydrq	临时用电日期
3	ydlb	用电类别	9	jczq	检查周期
4	dydj	电压等级	10	htqsrq	合同起始日期
5	hyfl	行业分类	11	htjsrq	合同结束日期
6	htrl	合同容量	12	htyxq	合同有效期

第4章

报表工具内网应用

报表工具内网应用是利用报表工具专为电力系统内网设计的数据应用，依托数创平台强大的数据处理和分析能力，为电力系统内的用户提供定制化的报表服务。

用户通过电力系统内网进入数创探索区后即可使用报表工具开展应用分析。基于数创探索区，围绕业务需求，构建数据表，自主准备数据。用户可根据页面原型图或表样，应用报表工具自主开发页面，并采用标准组件配置优化页面，应用场景页面开发完成后，用户可通过模板挂接、组合打包两种形式将场景挂接至数创平台目录树下，便于用户访问、使用、管理应用场景。报表工具内网应用构建过程如图4-1所示。

图4-1 报表工具内网应用构建过程

4.1 数 据 准 备

参照数据处理中的数据存储环节，即3.2章节，按照业务需求进行数据表创建。其中业务数据类应用以数据中台数据为基础构建结果表，填报类应用则新建不含数据的空表，支持填报数据存储。

4.2 页 面 设 计

页面设计是开发报表工具内网应用中的一个关键环节，直接影响到用户体验和数据的

可视化效果。用户可根据页面原型图或表样，应用报表工具设计页面。

报表工具界面包括模板文件区、数据集编写区、场景设计区、功能调试区四个区域，主要以拖拽方式开展应用分析。报表工具界面如图 4-2 所示。

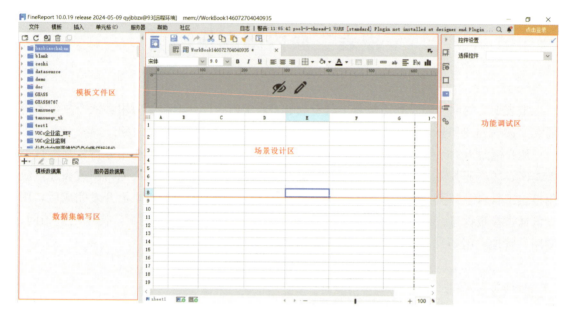

图 4-2　报表工具界面

模板文件区：展示已发布至服务器内的模板文件清单，用户进入后可对模板文件进行查看或二次编辑。

数据集编写区：保存用户定义的数据集，可作为报表设计时的直接数据源。可将数据集内的字段拖拽至场景设计区指定单元格，并进行数据绑定。

场景设计区：应用场景开发的主要工作区域，可对页面样式以及单元格的格式（类型、大小、加粗、倾斜、下划线等）进行设计，可以插入图表、图片、按钮控件等元素。通过灵活的布局设计，用户可以创建出既美观又实用的报表页面，满足不同场景下的展示需求。

功能调试区：对应用场景内的下钻、跳转、弹窗、联动等功能进行设置，主要包括单元格元素、单元格属性、悬浮元素、控件设置、条件属性及超级链接等，用户可自主进行配置。

页面设计时应先建立对应的报表模板。报表模板类型包括普通报表、聚合报表、决策报表三类。其中普通报表是传统形式的行列报表；聚合报表是包含多个独立模块的报表，不受行列限制；决策报表是管理驾驶舱看板，一般用于看板类场景。

常见的数据应用页面主要由表格和图形组成。表格主要分为列表式和表单式两种，列表式是最常用的表格样式，主要由字段名称和字段值组成。如图 4-3 中，"指标名称"为字段名称，"一、大工业"为字段值。

售电量分类表

填报单位：　　　　　　　　　　　　　　　　　　　　　　　　　　　　　　　　　　计量单位：万千瓦时；%

指标名称	前年全年完成值	前年累计	去年全年完成值	去年累计值	当月完成值	当年累计值	较前年累计值增长率	较去年累计值增长率
一、大工业	☆☆☆☆☆	☆☆☆☆☆	☆☆☆☆☆	☆☆☆☆☆	☆☆☆☆☆	☆☆☆☆☆	☆☆☆☆☆	☆☆☆☆☆
二、一般工商业	☆☆☆☆☆	☆☆☆☆☆	☆☆☆☆☆	☆☆☆☆☆	☆☆☆☆☆	☆☆☆☆☆	☆☆☆☆☆	☆☆☆☆☆
其中：非、普通工业	☆☆☆☆☆	☆☆☆☆☆	☆☆☆☆☆	☆☆☆☆☆	☆☆☆☆☆	☆☆☆☆☆	☆☆☆☆☆	☆☆☆☆☆
非居民照明	☆☆☆☆☆	☆☆☆☆☆	☆☆☆☆☆	☆☆☆☆☆	☆☆☆☆☆	☆☆☆☆☆	☆☆☆☆☆	☆☆☆☆☆
商业	☆☆☆☆☆	☆☆☆☆☆	☆☆☆☆☆	☆☆☆☆☆	☆☆☆☆☆	☆☆☆☆☆	☆☆☆☆☆	☆☆☆☆☆
三、农业	☆☆☆☆☆	☆☆☆☆☆	☆☆☆☆☆	☆☆☆☆☆	☆☆☆☆☆	☆☆☆☆☆	☆☆☆☆☆	☆☆☆☆☆
四、居民生活用电	☆☆☆☆☆	☆☆☆☆☆	☆☆☆☆☆	☆☆☆☆☆	☆☆☆☆☆	☆☆☆☆☆	☆☆☆☆☆	☆☆☆☆☆
五、趸售	☆☆☆☆☆	☆☆☆☆☆	☆☆☆☆☆	☆☆☆☆☆	☆☆☆☆☆	☆☆☆☆☆	☆☆☆☆☆	☆☆☆☆☆
六、打水电量	☆☆☆☆☆	☆☆☆☆☆	☆☆☆☆☆	☆☆☆☆☆	☆☆☆☆☆	☆☆☆☆☆	☆☆☆☆☆	☆☆☆☆☆
七、其它	☆☆☆☆☆	☆☆☆☆☆	☆☆☆☆☆	☆☆☆☆☆	☆☆☆☆☆	☆☆☆☆☆	☆☆☆☆☆	☆☆☆☆☆
合计	☆☆☆☆☆	☆☆☆☆☆	☆☆☆☆☆	☆☆☆☆☆	☆☆☆☆☆	☆☆☆☆☆	☆☆☆☆☆	☆☆☆☆☆

注：大工业用电包含直接交易电量。

图 4-3　列表式

表单式页面通常用来显示单个业务实体的相关信息。为方便信息的直观展示，一般会限制表格宽度，提高页面的美观度和可读性，如个人简历、用户信息等，如图 4-4 所示。

单位消防管理基本情况

单位名称		☆☆☆☆☆				所属系统		
地址		☆☆☆☆☆				邮政编码		
经济类型		固定资产总数(万元)				职工人数		
消防监督部门						消防监督员		
法定代表人		行政职务				电话	总机	
防火负责人		行政职务					值班	
占地面积	15000平米	建筑面积		7900平米			保卫	
电力负荷等级		特殊工种人数		78		火灾危险性分类		一般
建筑栋数	5	重点部位数		20		外租单位数		
室外消火栓	数量	管网形式	环形	主干管径		给水系统类型		市政
	5	市政进水管		支线管径		管网压力		4KG
消防	消防用水量	水塔	高度		消防水池	数量	天然水源	名称
			储水量			储水量		储水量
专职消防队	人数	义务消防队	队数	11		夜间值班人数		2
	车辆		人数	25		消防责任中队		
四周环境	东					消防车道形式		
	南					位于洗衣房旁		
	西							
	北							

图 4-4　表单式

页面设计的具体操作步骤如下：

第一步，新建普通报表：在报表工具主页面，选择左上方【文件】→【新建普通报表】，并在场景设计区单元格内编辑报表标题与所需字段名称，如图 4-5 所示。

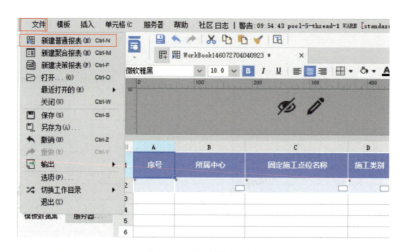

图 4-5　新建普通报表

第二步，设置样式：使用工具栏，对编辑的报表标题与字段名称样式进行优化设计，如字体样式、大小及颜色，编辑单元格背景颜色、边框、合并单元格等，如图 4-6 所示。

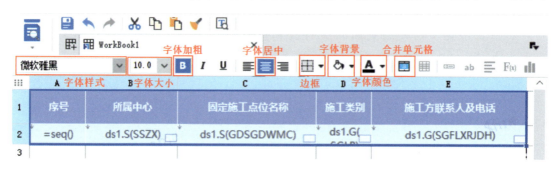

图 4-6　设置样式

小贴士

报表单元格大小调整方式：选择需要调整的行或列→点击鼠标右键→行高/列宽，可手动调整单元格行高、列宽为指定数值。

4.3　数　据　绑　定

数据绑定是将用户界面组件与数据源进行关联。电力系统内网端一般是将页面中的字段与数据库表中的字段进行关联，从而实现页面数据的自动加载。数据绑定分为创建数据集、页面渲染数据、完善绑定条件三个阶段。

第一步，创建数据集：基于数据表，创建数据集，获取所需数据。点击【模板数据集】编辑按钮，弹出模板数据集对话框，选择目标数据连接，在 SQL 编辑区输入 SQL 语句，按需进行查询语句编写，确定数据集输出字段和限制条件，操作步骤如图 4-7 所示。

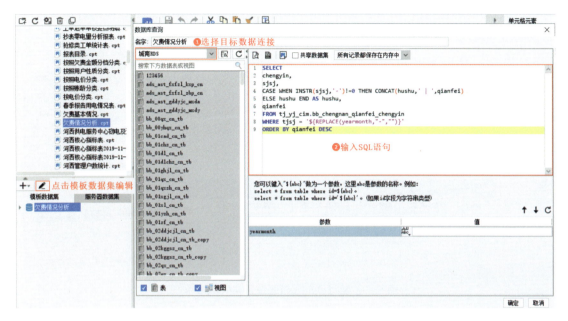

图 4-7　创建数据集

第二步，页面渲染数据： 在报表设计界面将数据集中的数据字段拖拽至页面指定位置，完成数据源绑定，从而实现将数据渲染至页面，如图 4-8 所示。

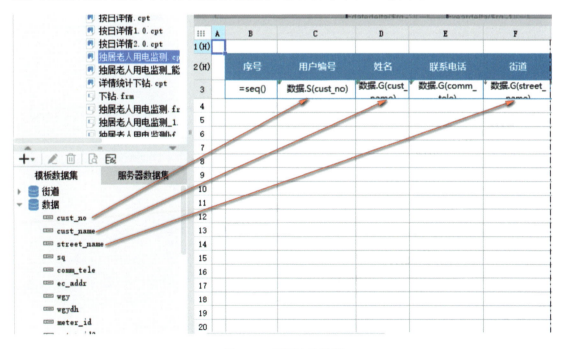

图 4-8　页面渲染数据

　　第三步，完善绑定条件： 数据字段拖拽至指定单元格后，选中单元格，点击右侧【单元格属性】按钮，将出现"单元格属性"设置面板，如图4-9所示。或者双击单元格也可弹出"数据列"对话框，如图4-10所示。通过上述方式，可设置父格、样式、扩展方向、过滤条件和排列顺序等。

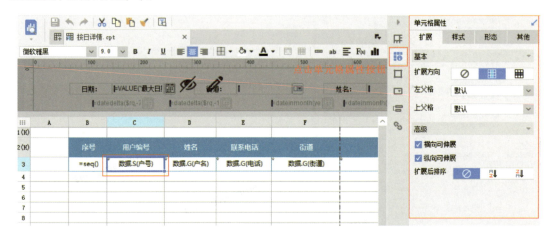

图4-9　通过"单元格属性"完善绑定条件

图4-10　绑定条件时设置"数据列对话框"

4.4　报　表　展　现

报表展现是指以恰当的形式正确展示数据，满足用户个性化需求。报表展现形式主要包括分组统计、折叠分组、下钻查询、多维筛选、图表应用、图表联动、文件引用、邮箱提醒等。

4.4.1　分组统计

分组统计是最常见的报表展现形式，可通过一个维度或多个维度进行统计分析。其操作步骤为：选定需统计分组的字段，对字段所在的单元格进行配置。

➢ 场景示例

某供电公司需统计已销户但未退费的超期用户统计表，方便各供电服务中心分析查看。具体操作步骤如下：

第一步，选定统计分组字段：将"供电服务中心"字段拖拽到指定位置，再将"户数""未退费金额"字段拖拽到"供电服务中心"字段后指定的位置，完成分组统计样表的初步设置，如图 4-11 所示。

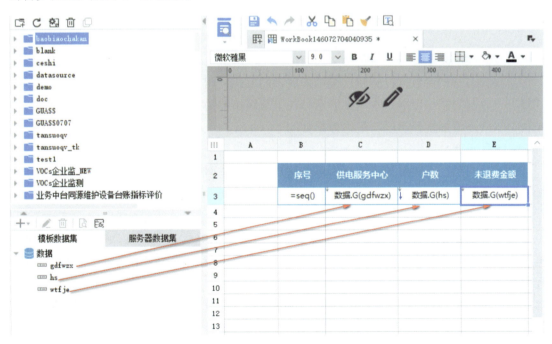

图 4-11　选定统计分组字段

第二步，单元格配置：点击右侧【功能调试区】→【单元格元素】→【数据设置】，将"户数"字段的【数据设置】为"汇总"→"个数"，将"未退费金额"字段的【数据设置】为"汇总"→"求和"，如图 4-12 所示。

图 4-12　分组统计时的单元格配置

（1）父格是以某个单元格为主格进行扩展时设置的单元格格式，单元格之间存在纵向扩展的关系时需设置左父格；单元格之间存在横向扩展的关系时需设置上父格。

（2）未设置扩展属性时，单元格默认左侧单元格为父格。

（3）单元格数据设置默认即为普通分组，所以分组字段无需单独进行数据设置。

4.4.2　折叠分组

折叠分组是指将数据以树状层级结构展示的方式。用户可通过点击父级数据按钮的方式展开或收起每层子数据，常用来展示存在上下级拓扑关系的数据。其操作步骤为：制作单位分组树→添加统计字段，最终效果如图 4-13 所示。

➢ 场景示例

某省公司员工需要统计各地市供电单位及下属供电服务中心的在运用户数量，用于监测统计该省的用电用户数量情况。具体操作步骤如下：

第一步，制作单位分组树：

（1）将数据集【各单位分组树】的"供电单位""供电所""管理区域"3 个字段分别拖拽至 B3、B4、B5 单元格，并设置单元格样式。B4 单元格的左父格自定义为 B3，B5 单元格的左父格自定义为 B4，如图 4-14 所示。

（2）将 B3、B4、B5 单元格的【形态】设置为"数据字典"，【类型设置】选"数据查询"，【数据集】为"各单位分组树"，【实际值】为列序号 1，【显示值】为列序号 2，如图 4-15 所示。

（3）为 B4 和 B5 单元格赋予相同的条件属性，隐藏无数据的行，如图 4-16 所示。

（4）对 B3、B4、B5 单元格均选择为"树节点按钮"，该按钮可实现层级展开或收起，如图 4-17 所示。

量价费损指标表

序号	指标编码	指标名称	指标单位	当前值	同期值	同比	当前累计值	同期累计值	累计同比
				管理驾驶舱					
1	BM0004	▣ 售电量	万千瓦时	564285.45	531261.18	6.22%	6310000.50	6083032.37	3.73%
1.1	BM0004	＊＊＊＊＊＊	万千瓦时	145320.64	141664.61	2.58%	1634905.83	1578537.88	3.57%
1.2	BM0004	＊＊＊＊＊＊	万千瓦时	20042.40	18800.81	6.60%	218899.94	198780.35	10.12%
1.3	BM0004	＊＊＊＊＊＊	万千瓦时	15108.62	13686.99	10.39%	169509.22	159136.17	6.52%
1.4	BM0004	＊＊＊＊＊＊	万千瓦时	60132.46	54978.90	9.37%	693680.65	679381.68	2.10%
1.5	BM0004	＊＊＊＊＊＊	万千瓦时	49670.98	46726.92	6.30%	551817.28	539498.10	2.28%
1.6	BM0004	＊＊＊＊＊＊	万千瓦时	56682.62	53148.81	6.65%	665220.66	659597.14	0.85%
1.7	BM0004	＊＊＊＊＊＊	万千瓦时	80953.95	74508.33	8.65%	934073.10	919612.35	1.57%
1.8	BM0004	＊＊＊＊＊＊	万千瓦时	55687.69	50886.40	9.44%	616010.63	589798.52	4.44%
1.9	BM0004	＊＊＊＊＊＊	万千瓦时	58175.00	56252.38	3.42%	604893.70	549780.07	10.02%
1.10	BM0004	＊＊＊＊＊＊	万千瓦时	22511.08	20607.04	9.24%	220989.49	208910.10	5.78%
2	BM0006	▣ 售电均价	元/兆瓦时	0.59	0.62	-4.84%	0.61	0.64	-4.69%
3	BM0008	▣ 售电费	万元	344831.08	416774.89	-17.26%	4168981.26	4295955.61	-2.96%
				客服看板					
4	CS0009	▣ 净增数量	个	4098	-5569	-173.59%	2766.00	-26695.00	-110.36%
5	CS0030	▣ 业扩工单数	个	8147	5730	42.18%	50201.00	43504.00	15.39%
6	CS0017	▣ 终止数量	个	528	753	-29.88%	5860.00	8814.00	-33.51%

图 4-13　折叠分组效果

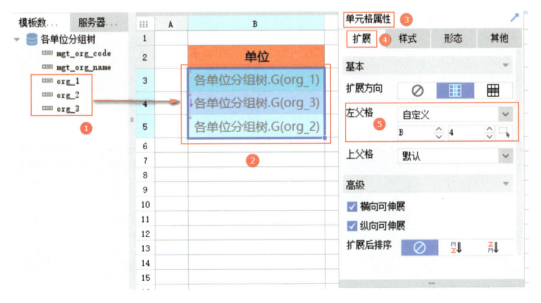

图 4-14　将字段拖拽到单元格

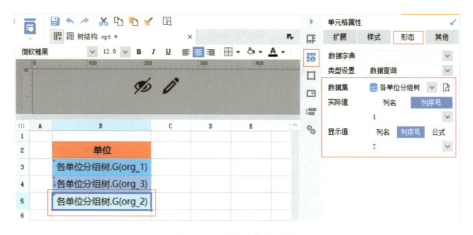

图 4-15　设置数据查询

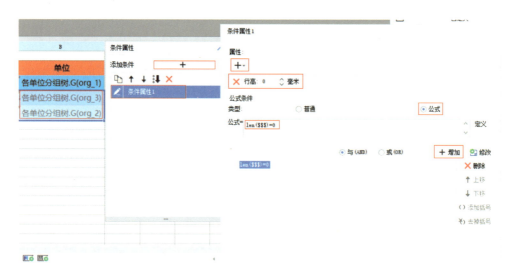

图 4-16　添加条件属性

图 4-17　添加"树节点按钮"

第二步，添加统计字段：将数据集【用户数】的"用户数"字段拖至 C5 单元格，在 C4、C3 单元格中编辑统计函数公式。设置 C5 单元格过滤条件"管理区域编号"字段与单元格 B5 字段一致，如图 4-18 所示。

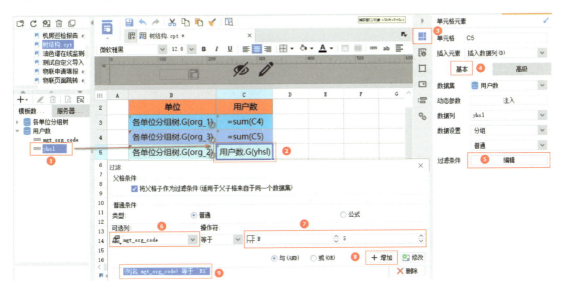

图 4-18　添加统计字段

（1）折叠分组仅支持【数据分析预览】，不支持冻结。

（2）折叠分组时需设置父格，目的是为控制附属于该组的子项内容的展开与折叠。

（3）折叠分组的数据表导出后为全量数据展示，无展开、折叠功能。

4.4.3　下钻查询

下钻查询是从一个概括或总结的数据视图（如主页面或总览页面）深入到更详细或更具体的数据视图（如子页面或明细数据页面）。下钻查询的操作步骤为：配置超级链接→下钻子页面设置→测试下钻效果。

➤场景示例

某供电公司开发了一张已销户但未退费的超期用户统计表，现需查看超期用户的数据明细，更全面地监测分析超期详情。具体操作步骤如下：

第一步，配置超级链接：点击用户超期个数（C5 单元格），点击【超级链接】按钮，添加链接，选择【网络报表】，选择需下钻的页面进行绑定，并添加相对应的参数名称和参数值，如图 4-19 所示。

第二步，下钻子页面设置：子页面数据集脚本中获取主页面传输的参数，即可查询下钻页面数据，如图 4-20 所示。

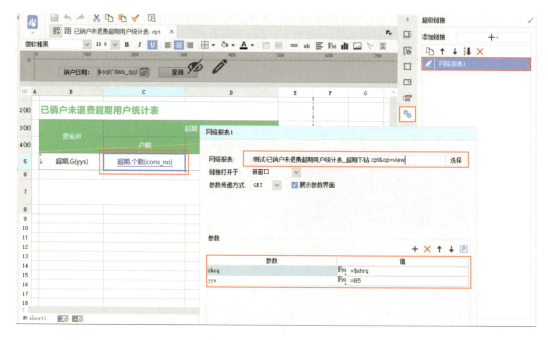

图 4-19　配置超级链接

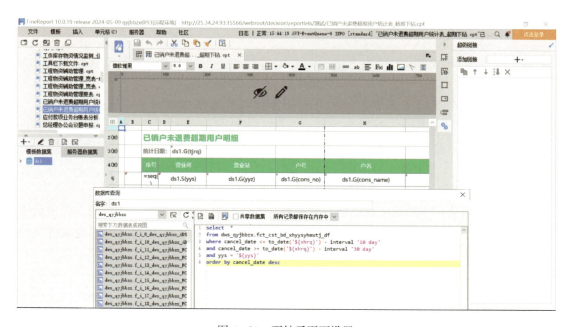

图 4-20　下钻子页面设置

第三步，测试下钻效果：点击某供电服务中心户数单元格数值，跳转至下钻子页面，效果如图 4-21 所示。

图 4 - 21 测试下钻效果

小贴士

（1）下钻查询时，采用传输参数的方式将数据传输至子模板。

（2）下钻页面分三种方式打开，分别为覆盖当前窗口、新窗口打开、对话框弹出。

（3）设置下钻参数时建议使用英文字母命名，英文单词间建议使用"_"（英文下划线）分隔。

（4）若下钻明细报表为普通明细报表，选择网络报表路径时，则需在路径后加"&op＝view"。

4.4.4 多维筛选

多维筛选即应用一个或多个条件来限制或控制数据的展示，以达到查看特定数据结果的目的。目前常用的筛选控件有文本控件、下拉框控件、下拉复选框控件、日期控件、标签控件、查询控件等，其操作步骤为：添加控件→设置脚本参数。

➤场景示例

某公司员工开发了固定施工点场景报表，但查询出的数据量较大，需缩小数据范围，只查询出符合条件的数据。该需求可通过多维筛选对数据进行过滤，获得特定数据。具体操作步骤如下：

第一步，添加控件：点击参数面板中的【编辑】按钮即可进入参数面板编辑模式，进行控件添加和编辑。例如：将工具栏中的标签控件和下拉框控件拖至参数面板区域，并在右侧控件属性中添加标签控件值（如"施工点名称""所属中心"和"风险等级"），下拉框控件名称设置为"sgdmc""sszx"和"fxdj"，最后将【查询】按钮控件拖至参数面板即可，如图 4-22 所示。

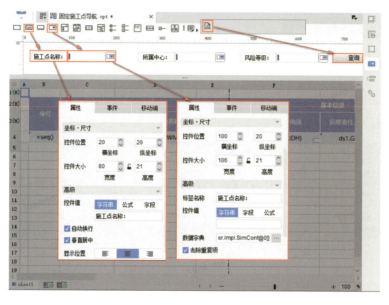

图 4-22　添加控件

　　第二步，设置脚本参数：点击左下角【＋】功能，选择【数据库查询】，将 SQL 脚本添加至 SQL 编辑区，并将筛选框的控件名称绑定至数据库中对应的字段，如图 4-23 所示。

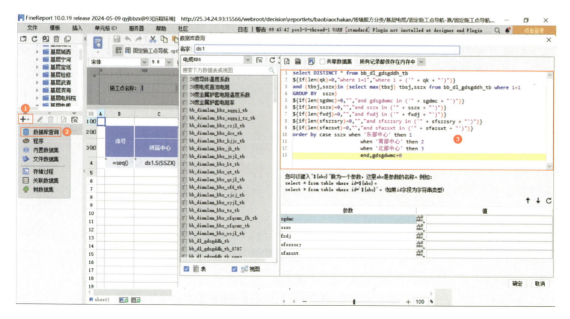

图 4-23　设置脚本参数

多维筛选的最终效果如图 4 - 24 所示。

| 提交 | 导出 ▾ | 导入[Excel] |

施工点名称: ▢ ▾　所属中心: ▢ ▾　风险等级: ▢ ▾　　查询　　　　□ 清空页面数据

序号	基本信息						
	所属中心	固定施工点位名称	施工类别	施工方联系人及电话	运维责任人及联系方式	地址	电压等级
1	****中心	******工点	地铁	张**135******01	李**135******01	**********	110
2	****中心	******工点	道桥	张**135******01	李**135******01	**********	220
3	****中心	******工点	道桥	张**135******01	李**135******01	**********	110
4	****中心	******工点	地铁	张**135******01	李**135******01	**********	220
5	****中心	******工点	地铁	张**135******01	李**135******01	**********	110
6	****中心	******工点	房地产	张**135******01	李**135******01	**********	110
7	****中心	******工点	道桥	张**135******01	李**135******01	**********	220
8	****中心	******工点	道桥	张**135******01	李**135******01	**********	110
9	****中心	******工点	道桥	张**135******01	李**135******01	**********	220
10	****中心	******工点	房地产	张**135******01	李**135******01	**********	220
11	****中心	******工点	道桥	张**135******01	李**135******01	**********	220
12	****中心	******工点	土地开发、基础设施建设	张**135******01	李**135******01	**********	35
13	****中心	******工点	道桥	张**135******01	李**135******01	**********	110
14	****中心	******工点	道桥	张**135******01	李**135******01	**********	220
15	****中心	******工点	修路	张**135******01	李**135******01	**********	35
16	****中心	******工点	地铁	张**135******01	李**135******01	**********	110
17	****中心	******工点	房地产	张**135******01	李**135******01	**********	110
18	****中心	******工点	管道建设	张**135******01	李**135******01	**********	35
19	****中心	******工点	挖掘	张**135******01	李**135******01	**********	35
20	****中心	******工点	房地产	张**135******01	李**135******01	**********	220

图 4 - 24　多维筛选效果

 小贴士

（1）参数和控件并非一个概念，但两者在绑定的情况下，可以相互传值，绑定后参数值即为控件值。注意 SQL 参数书写方式：'＄｛参数名｝'。

（2）控件的名称一定要与数据集中绑定的参数名称一致，否则筛选控件不生效。

4.4.5　图表应用

图表应用指在场景页面内引入图形化元素，从而达到数据直观化、形象化的效果，有助于快速、有效地表达数据关系，图表的分类可以参照 6.3.1。其操作步骤为：选择图表→设置图表数据。

➤场景示例

某公司员工需统计该省各供电单位意见（建议）工单数量，并采用柱状图展示工单数量。具体操作步骤如下：

第一步，选择图表：在工具栏选择【插入图表】，选择【柱状图】，如图 4 - 25 所示。

第二步，设置图表数据：【数据来源】设置为"单元格数据"，【分类名】设置为 C4（日期），【系列名】为"工单数量"，系列值设置为 C6（各月合计数量），如图 4 - 26 所示。

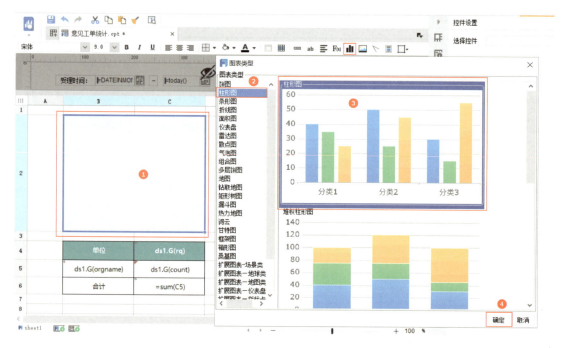

图 4 - 25 选择图表

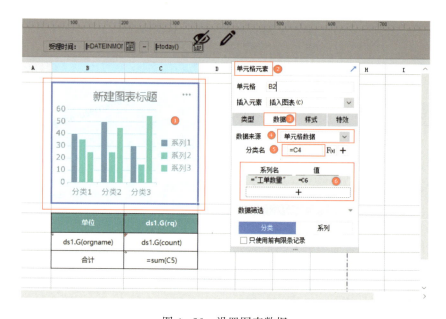

图 4 - 26 设置图表数据

图表应用效果如图 4 - 27 所示。

图 4 - 27　图表应用效果

（1）普通报表可采用两种方式插入单元格元素或悬浮元素：第一种方式是通过菜单栏点击【单元格】按钮插入，第二种方式是通过菜单栏点击【插入】按钮插入。

（2）图表的图例位置、标签内容、系列颜色及样式、坐标轴、背景等样式设置均可在【样式】按钮中进行设置。

4.4.6　图表联动

图表联动是指在统计图表中，将多个图表关联起来，使得在主联动表中选择某个字段或某个数据后，被联动表中会显示与之相应的数据，达到筛选传参的目的。其操作步骤为：添加超级链接→设置联动模块数据集。

➢ 场景示例

某公司员工开发了一张业务指标监控报表，现需对指标完成进度情况图表与指标分析模块进行联动分析，优化场景功能。具体操作步骤如下：

第一步，添加超级链接：点击指标完成进度情况图表，添加【超级链接】，选择"表单对象"为指标名称模块，定义参数为 zbmc_a，值为分类名（CATEGORY），如图 4 - 28 所示。

第二步，设置联动模块数据集：被联动图表对应的数据集需接收主联动图表传输的参数，如图 4 - 29 所示。

图表联动效果如图 4 - 30 所示。

4.4.7　数据填报

数据填报指的是将页面数据写入到数据库，包括数据的增加、删除和修改操作。同时也支持对填写数据的自定义校验，Excel 导入数据，根据填写值智能联动等功能。其操作步骤为：设置填报控件→设置填报属性。

➢ 场景示例

以配电设备隐患排查报表为例，场景需要把排查发现的设备隐患信息填入到报表中，

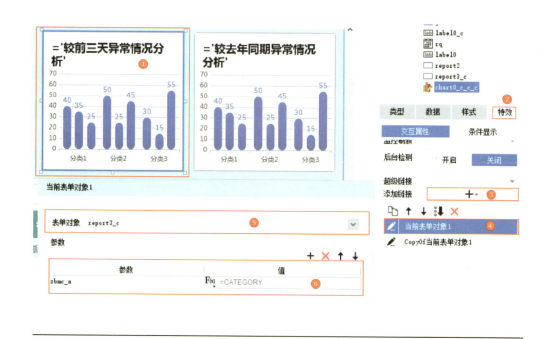

图 4 - 28　添加超级链接

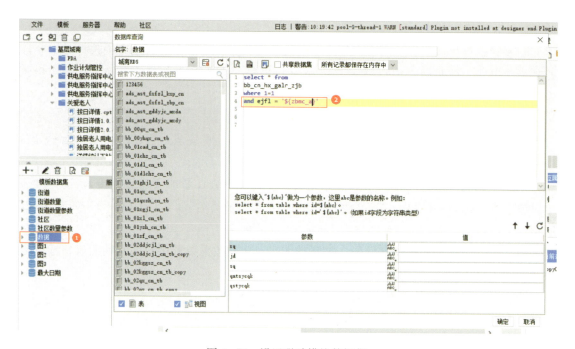

图 4 - 29　设置联动模块数据集

方便汇总统计和统一管理。具体操作步骤如下：

　　第一步，设置填报控件：将 C5、C8、C11、C14、C17 单元格分别设置文本控件、下拉框控件、文本控件、日期控件、文本控件，如图 4 - 31 所示。其中下拉框控件，可通过

图 4 - 30　图表联动效果

数据字典来设置选项，点击【数据字典】，弹出对话框，【类型设置】选"公式"，【实际值】填"［"配电室"，"箱式变电站"，"环网柜"］"，【显示值】填"＄＄＄"，如图 4 - 32 所示。

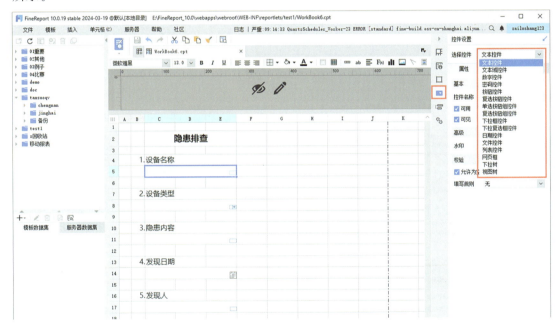

图 4 - 31　设置填报控件

第二步，设置填报属性：点击菜单栏中的【模板】，选择【报表填报属性】，点击添加【内置 SQL】，选择数据库和数据表信息，点击【智能添加字段】，把数据表字段全部添加到对话框，然后将 id 设置为公式 uuid（），其他字段用【智能添加单元格】与单元格绑定，操作步骤如图 4 - 33 所示。

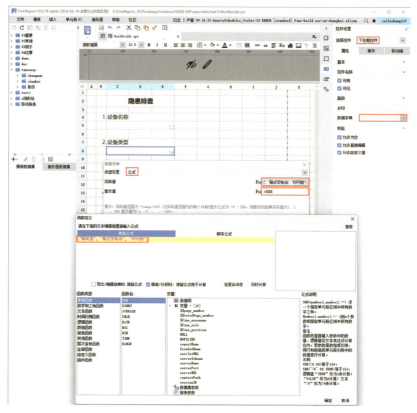

图 4-32　设置下拉框控件选项

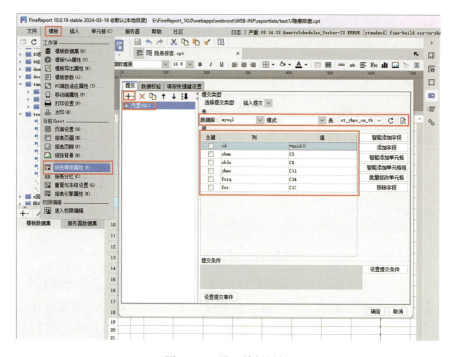

图 4-33　设置填报属性

使用【填报预览】预览此报表，填写隐患内容，点击提交即可将表单内容保存至数据库中，操作步骤如图 4-34 所示。

图 4-34　数据填报效果

4.4.8　文件引用

文件引用指的是在应用场景中，通过特定的组件或接口，将文档、视频等文件资源引入到应用场景中，使用户能够直接在该场景中进行文件的上传、下载、删除等操作。其操作步骤为：选择控件→设置填报属性。

以网络安全制度梳理清单报表为例，场景需有文件上传下载功能，方便网络安全事件的记录。具体操作步骤如下：

第一步，选择控件：选择 K3 单元格【支撑材料上传】，选择【文件控件】，如图 4-35 所示。

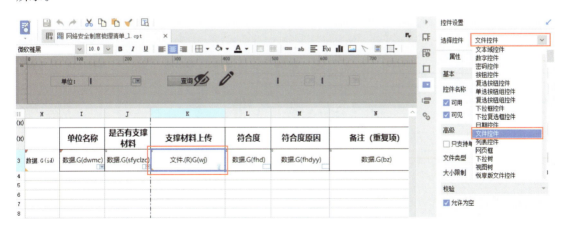

图 4-35　选择控件

第二步，设置填报属性：点击菜单栏中的【模板】，选择【报表填报属性】，点击添加【内置 SQL】，选择数据库和数据表信息，点击【添加字段】，将单元格填报内容与数据表字段绑定，操作步骤如图 4-36 所示。

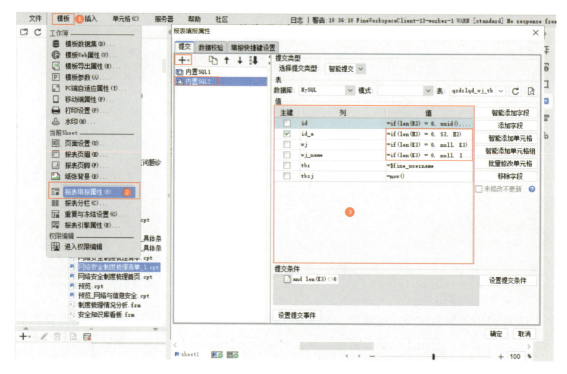

图 4-36 设置填报属性

预览此报表，点击【文件上传】按钮，弹出文件选择界面，查找需要上传的数据并上传，点击提交即可将文件内容存至数据库中，操作步骤如图 4-37 所示。

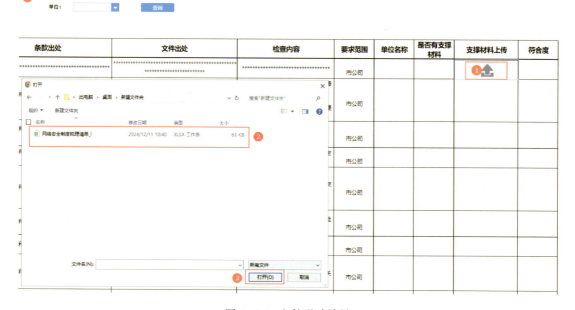

图 4-37 文件联动效果

小贴士

（1）参数面板不支持文件控件。

（2）填报暂存不支持暂存上传的文件。

（3）在选择多文件上传时，火狐浏览器和 Chrome 浏览器可以一次选择多个文件，而 IE 浏览器一次只能选择一个文件，但后上传的文件不会覆盖前面的文件。

4.5 应 用 发 布

应用发布是指将开发完毕的应用场景部署到服务器上的过程，以便用户可以通过电力系统内网进行访问和使用。应用发布主要包括模板挂接、组合打包。

4.5.1 模板挂接

模板挂接是指将已开发完成的报表模板挂接至数创平台的目录树下，以便用户能够方便地访问、使用和管理报表模板。

第一步，挂接模板：登录管理员账号→选择【目录管理】→点击【添加模板】→确定发布路径→模板挂接。模板挂接页面如图 4-38 所示。

图 4-38 模板挂接

第二步，个性配置：模板挂接时，可同时对已开发完成的报表模板的权限进行设置，将开发好的报表模板按照指定账号、角色、部门维度进行授权，确保报表能够精准、有效地反映业务数据。个性配置的具体操作如下，登录管理员账号，点击【管理系统】，选择【权限管理】，定位至指定目录，通过点选完成权限配置操作，如图 4-39 所示。

图 4 - 39　个性配置

 小贴士

模板挂接后，仍可修改名称等基础信息。

4.5.2　组合打包

组合打包是指将多个页面合并成一个整体，以形成一个数据应用场景的过程，其目的在于提升用户体验，使用户能够更便捷地访问和使用相关数据服务。报表数据应用场景作为独立个体，通过各个子页面对外提供数据应用服务。

组合打包的操作步骤为：新增发布场景→录入信息→选择页面保存发布。

➢ 场景示例

以组合打包某监测分析场景为例，具体操作步骤如下：

第一步，新增发布场景：点击【发布管理】→【打包发布】→【新增】，如图 4 - 40 所示。

图 4 - 40　新增发布场景

第二步，录入信息：录入应用基本信息，填写联系人及联系方式等相关信息，如图4-41 所示。

图 4-41　录入信息

第三步，选择页面保存发布：点击【添加报表】，选择需发布的报表后，点击【保存】发布完成，如图 4-42 所示。

图 4-42　选择页面保存发布

本 章 小 结

在电力系统内网环境中，报表工具是数据管理和决策支持的重要工具。电力企业能够充分利用报表工具，基于内部数据资源，提升运营效率，优化决策过程。本章节详细阐述了从数据准备到应用发布的报表工具使用全过程，旨在为读者提供清晰、详尽的操作说明，帮助读者快速掌握电力系统内网环境下报表工具的使用方法，提升读者数据应用分析能力。

 练一练

习题1：连接RDS数据库，使用RDS数据库中的诉求工单明细表（bb_sqgdmx），以"供电单位"字段为行维度、"一级类型"为列维度，计算工单数量，并形成交叉明细表。

数据表结构如表4-1所示。

表4-1 　　　　　　　　　　　　　bb_sqgdmx 表结构

序号	字段名	中文名称	序号	字段名	中文名称
1	app_no	申请编号	12	send_date	工单下发时间
2	act_name	当前环节	13	oper_time	归档时间
3	org_name_s	单位名称（省）	14	handle_result	处理结果
4	org_name_ds	单位名称（地市）	15	wkst_language	服务语种
5	org_name	供电单位	16	cons_opinion	客户意见
6	busi_type_code	业务类型	17	sf_dlgszr	是否电力公司责任
7	handle_time	受理时间	18	handle_sa	处理满意度
8	busi_sub_type1	一级类型	19	over_time	业务处理办结时限
9	busi_sub_type2	二级类型	20	code_type	分类
10	busi_sub_type3	三级类型	21	handle_ym	受理年月
11	emp_no	受理人员			

习题2：根据本单位RDS中的95598工单环节明细表（dws_cst_95598_wkst）制作95598各业务工单情况分布饼图。首先根据"业务类型"字段计算每种类型的工单数量，然后画出饼图。

数据表结构如表4-2所示。

表 4 - 2　　　　　　　　　　　　　**dws_cst_95598_wkst 表结构**

序号	字段名	中文名称	序号	字段名	中文名称
1	app_no	申请编号	11	cust_no	户号
2	activity_name	当前环节	12	cust_name	户名
3	org_name	供电单位	13	handle_time	工单下发时间
4	ywname	业务类型	14	oper_time	归档时间
5	handle_date	受理时间	15	handle_opinion	处理情况
6	busi_type_code1	一级类型	16	handle_status_mode	处理结果
7	busi_type_code2	二级类型	17	back_flag	是否回退
8	busi_type_code3	三级类型	18	handle_content	回退原因
9	emp_no	受理人员	19	accept_mode	服务渠道
10	accept_content	受理内容	20		

习题 3：根据班组数据集中的掉电记录宽表（dws_cst_nopower）制作各单位频繁停电情况柱形图。

要求如下：

（1）根据掉电记录宽表中的停电"开始时间"制作日期过滤组件，筛选某一时段内的停电数据。

（2）以"供电单位"为横轴、公司的"停电户数"为纵轴制作各供电单位停电户数情况柱形图。

（3）以各供电单位停电户数情况柱形图为第一层级，添加钻取功能，通过各供电单位停电户数情况柱形图钻取到各供电单位供电所停电户数柱形图。

数据表结构如表 4 - 3 所示。

表 4 - 3　　　　　　　　　　　　　**dws_cst_nopower 表结构**

序号	字段名	中文名称	序号	字段名	中文名称
1	fgsname	供电单位	8	meter_id	表号
2	gdsname	供电所	9	no_power_sd	开始时间
3	cust_no	户号	10	no_power_ed	结束时间
4	cust_name	户名	11	nopowertime	停电时长（秒）
5	tg_name	台区名称	12	nopowermin	停电时长（分）
6	ec_addr	用电地址	13	asset_no	资产编号
7	line_name	线路名称	14	input_time	输入时间

第5章

报表工具移动应用

报表工具移动应用作为数创平台与i国网的深度集成成果,在手机端为用户提供数据查询和远程填报工具,同时将移动能力配置成组件并进行封装,在开发过程中通过组件可视化配置即可调用手机移动能力,为各类业务构建移动应用提供技术支撑。报表工具以简洁的组件配置方式调用i国网移动能力,显著降低技术应用难度,打破传统办公的空间与时间限制,让企业员工能够在任何时间、任何地点获取报表数据并进行分析,极大地提升业务开展的灵活性与数据处理的实时性与高效性,为电网业务运营带来前所未有的便利。

在构建移动应用场景时,展示页面的模板文件能够在内网环境或个人终端上使用。报表展现部分功能配置可参考"4.4报表展现"。完成开发任务后,先按照既定发布流程进行产品发布,随后便可登录数创平台管理端为场景配置发布授权,最终在i国网数创平台内查看场景全貌,实现移动应用场景从搭建到上线发布的全过程闭环管理。报表工具移动应用构建过程如图5-1所示。

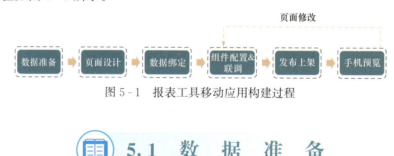

图5-1 报表工具移动应用构建过程

5.1 数 据 准 备

参照数据处理中的数据存储环节,即3.2章节,按照业务需求进行数据表创建。其中业务数据类应用以数据中台数据为基础构建结果表,填报类应用则新建不含数据的空表,支持填报数据存储。

使用个人终端进行模拟开发时,为确保其与生产环境中各项配置保持一致,可将数据连接名称按照内网环境探索区内RDS数据库的数据连接命名方式进行设定;此外,模板存放路径也需与外网移动应用生产环境的路径一致,如图5-2所示。

图 5-2　选择数据连接

 小贴士

（1）移动端场景的表名、字段名必须采用英文，由于隔离装置❶在读取中文字段时会形成乱码，进而影响模板的正常使用。

（2）开发移动端填报场景时，如需运用多个文本域字段时，建表时应合理选用 text 字段类型。必要时可将 text 字段类型存储于独立的表内，并通过 id 进行关联，可有效避免通过隔离装置传输时出现字段错列存储的现象；如需要存储图片，在建表时也应将图片信息存储至单独的数据表并通过 id 关联，这样既可提升查询效率，又能防止传输错位。此外，不提倡在数据库中存放大量的图片信息，且需定期予以删除。

5.2　页　面　设　计

移动应用开发的场景页面主要分为标题区、展示区及功能区。其中展示区由报表工具开发形成，标题区和功能区在开发报表过程中通过简单配置即可集成，移动应用页面结构如图 5-3 所示。

根据移动端的阅读习惯及布局特征，移动端页面设计以表单样式为主，且页面整体设置为横向自适应模式，确保不出现页面左右拖动的情形。鉴于移动场景下展示页面空间存在局限性，建议在页面中多运用指标卡、饼图、柱形图等图形化元素。若需使用表格展示，则可采用灵活多变的展现形式，具体效果如图 5-4 所示。

---

❶　隔离装置是一种专门为电力系统设计的网络安全设备，主要用于实现内外网之间的物理隔离和双向数据传输，确保电力系统的安全运行。

图 5-3　移动应用页面构成

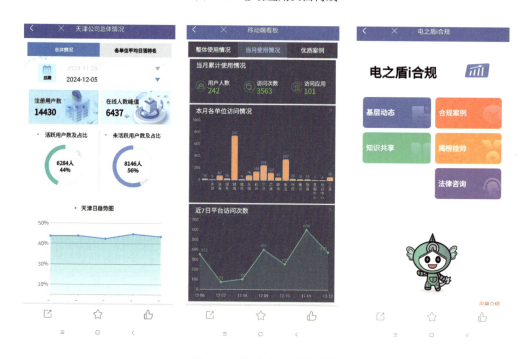

图 5-4　移动应用页面效果

　　报表工具移动应用页面设计操作步骤为：模板设置→参数设置→页面布局→页面美化。具体操作步骤如下：

第一步，模板设置：包括普通报表模板和决策报表模板两类。

在普通报表模板文件中，点击【模板】→【移动端属性】，勾选"设置为手机模板画布大小"，自适应方式选择"横向自适应"，如图 5-5 所示。

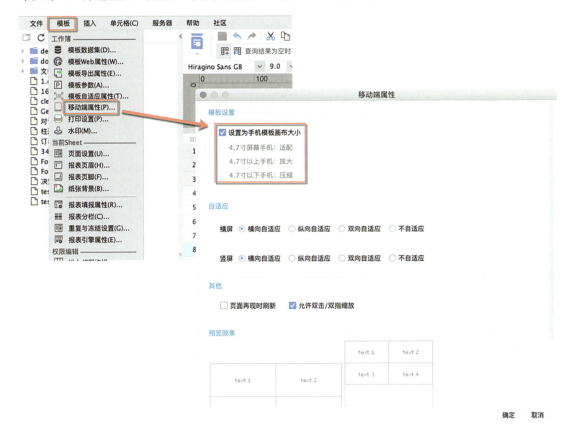

图 5-5　配置普通报表设置移动端属性

在决策报表模板中，点击【模板】→【移动端属性】，勾选"设置为手机模板"或"设置为手机模板画布大小"，默认勾选"自适应属性自动匹配"，如图 5-6 所示。

点击确认后，画布大小默认设置为 375×560。画布横向宽度锁定不可调整，纵向高度可修改，如图 5-7 所示。

第二步，参数设置：以决策报表为例，首先添加参数界面，在场景设计区将参数控件拖至参数界面，点击【参数界面】，选择【移动端】选项，通过选中控件点击"↑""↓"箭头的方式来调整控件展示顺序，如图 5-8 所示。

第三步，页面布局：

（1）普通报表在设计移动端页面时，可通过设置列宽控制左右两侧的边距，其中右侧边距可通过在最右侧单元格写入一个空格实现。需要注意的是，该配置主要是为了确保页面美观性，与实际功能并无直接关联，具体情形如图 5-9 所示。

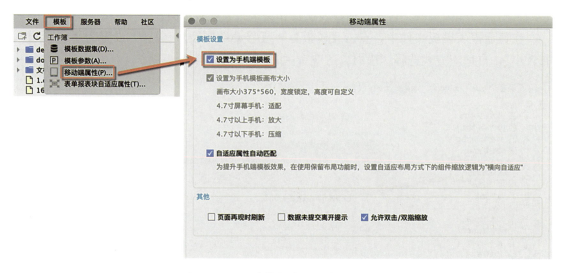

图 5-6　配置决策报表设置移动端属性

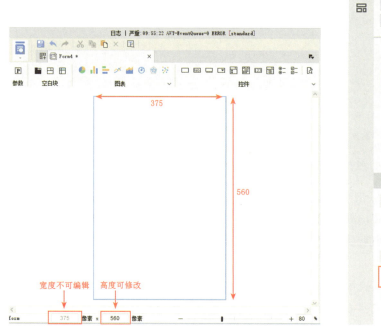

图 5-7　设置移动端画布

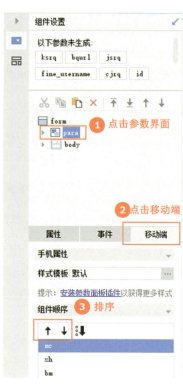

图 5-8　参数设置

（2）决策报表在设计移动端页面时，可将工具栏中的 Tab 块、绝对画布块、报表块、图表、控件拖至页面主体区域。在右侧组件设置中选中"body"，并选取【移动端】选项，随后通过选中控件点击"↑""↓"箭头的方式来调整控件展示顺序，详情可参阅下图 5-10 所示。

图 5-9　设置页面边距

图 5-10　调整页面布局和显示层级

第四步，页面美化：

（1）美化普通报表时，可通过工具栏的设置功能，对场景页面的标题和内容分别设置字体字号、颜色、表格边框及背景等，如图 5-11 所示。

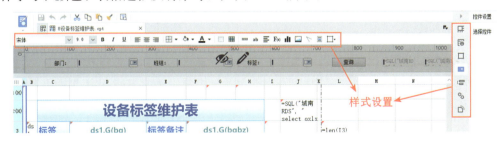

图 5-11　美化普通报表

（2）美化决策报表时，在功能调试区针对每一个组件，设置标题、背景、渲染风格、边框、圆角设置、边距和组件冻结。当在移动端预览报表并向上滑动过程中，一旦被冻结的组件抵达顶端位置，便会自动固定，不再随页面滚动而移动，具体设置效果可参照图5-12 所示。

图 5-12　美化决策报表

小贴士

（1）根据移动端的阅读习惯及布局特点，移动端页面设计多以表单样式为主，通常情况下，针对多列（超过 5 列）数据表，一般不建议采用表格的形式展示。

（2）在移动端控件设置上，无需额外添加标签控件，选中相应控件直接填写标签名称即可。

5.3　数　据　绑　定

对照移动端表样与数据库表，按照字段对应关系拖拽进行绑定，由于移动端页面预览的局限性，加载的数据量不宜太多，建议不超过 200 条，具体操作说明可参考"4.3 数据绑定"。

5.4　移动功能配置

移动功能配置即应用手机侧的常见功能开展移动场景构建，主要包含相机相册调用、电子签章、语音转文字、扫一扫、定位导航、消息推送等组件，一般通过简单配置即可轻松调用。目前上述部分组件已统一集成至应用场景页面底部的"功能区"，并配有点赞、收藏、转发等互动功能。

5.4.1　弹窗组件应用

弹窗功能是在原页面保持静态的前提下向上弹出新的浮动页面，用于图片或明细数据的展示。其操作步骤为：配置条件属性→配置超级链接→配置过滤参数→配置使用条件。

➤ 场景示例

某供电公司创建"人员资质核查"应用，管理者需对现场作业人员的电气试验作业证进行核查，人员信息表内该项为"是"的，可点击查看电气试验作业证的照片，且以弹窗的形式展现，弹窗应用效果如图 5‑13 所示。具体操作步骤如下：

图 5‑13　弹窗功能应用效果

第一步，配置条件属性：在左侧的模板文件区中，选中【人员身份验证填报 _ 移动端查看】模板页面，对需求配置超级链接的单元格如图中C19，右侧属性面板点击【条件属性】→【添加条件】按钮，即可配置条件属性，如图 5-14 所示。

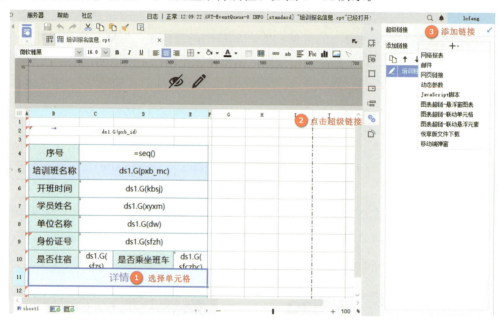

图 5-14　配置条件属性

第二步，配置超级链接：在右侧的功能调试区，点击增加属性【+】按钮，选择【超级链接】，勾选【使用链接】，点击【编辑】，进入配置超级链接页面。点击添加链接【+】按钮，选择【移动端】弹窗，选择弹窗所需模板的模板文件，如图 5-15 所示。

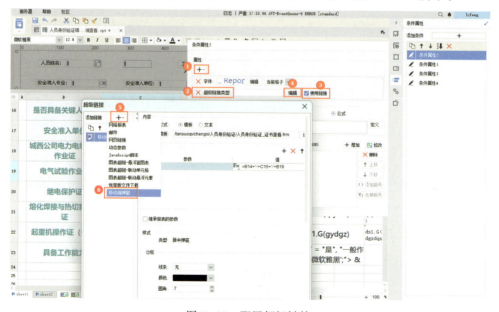

图 5-15　配置超级链接

第三步，配置过滤参数：点击参数区右上角的【＋】按钮，添加过滤参数，将【人员身份验证＿证书查看】页面所需的信息以参数的方式传递，如图 5 - 16 所示。

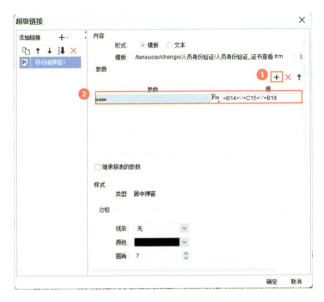

图 5 - 16　配置过滤参数

第四步，配置使用条件：选择【公式条件】，输入"＄＄＄＜＞否"，验证为合法的公式后，点击【增加】按钮将公式添加为使用条件，使得值为否时该条件属性不可用，如图 5 - 17 所示。

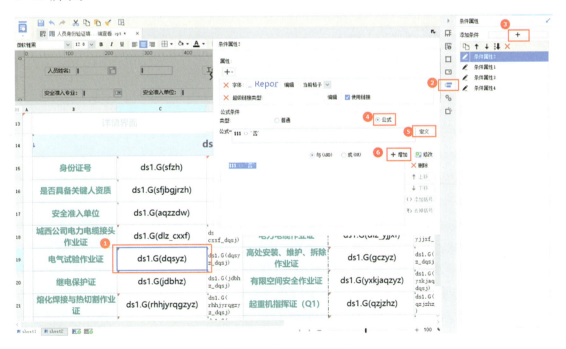

图 5 - 17　配置使用条件

仅决策报表支持移动端弹窗效果，其他报表类型不支持。

5.4.2 相册组件应用

相册组件支持对相机、照片的功能调用，实现手机拍照一键上传，相册照片快速调取，多用于信息采集类场景，且支持内外网信息快速同步。其操作步骤为：添加控件→配置移动端属性→配置填报属性。

➤ 场景示例

某供电公司创建"缺陷信息登记"应用，在填报设备缺陷信息时，可通过拍照或相册选取设备缺陷的照片信息，并以附件的形式存储至数据库中。具体操作步骤如下：

第一步，添加控件：选中【缺陷描述信息（定位）】模板页面的 C14 单元格，点击右侧属性面板的【控件设置】→【选择控件】处下拉选择"文件控件"，如图 5 - 18 所示。

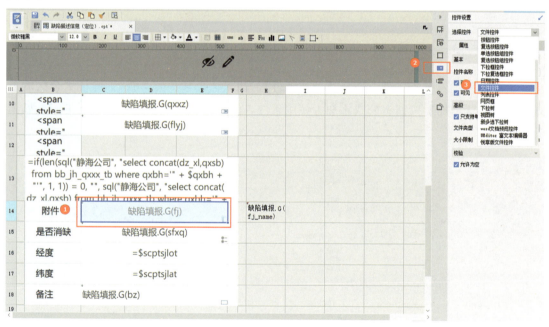

图 5 - 18 添加控件

第二步，配置移动端属性：点击右侧属性面板的【控件设置】→【移动端】，【上传方式】按照业务需求选择"允许拍照和从相册选择"或"仅允许拍照"，如图 5 - 19 所示。

第三步，配置填报属性：点击【模板】→【报表填报属性】，【提交】项页面点击【+】按钮，添加【内置 SQL】，提交类型选择"更新提交"，将设置附件的 C14 单元格与数据表的 fj 字段（附件）通过公式"if（lenC14 = 0，""，C14）"绑定，如图 5 - 20 和图 5 - 21 所示。

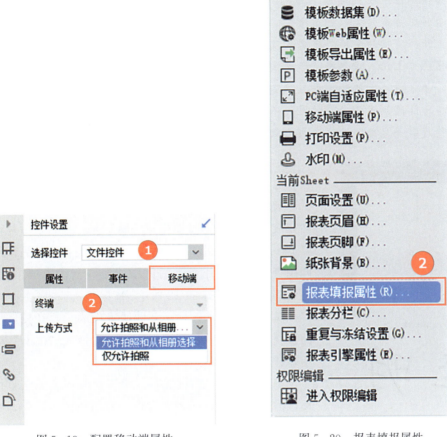

图 5-19　配置移动端属性　　　　　图 5-20　报表填报属性

图 5-21　配置报表填报属性

小贴士

（1）填报属性应设置是否上传的判断逻辑，如："if（lenC14 = 0，""，C14）"，避免出现未传照片提交失败的情形。

（2）上传照片功能支持单张上传或多张上传两种模式。从效率角度考量，建议优先选择单张照片上传，效率高、速度快，多张照片同时上传时会影响提交效率。值得注意的是，单张照片上传时需设置只支持单文件上传（特殊需求除外）。

（3）鉴于隔离装置的自身特性，不建议大批量地进行图片存储操作，这样不仅会导致调用速度显著变慢，而且会影响数据库的整体性能。

图 5 - 22 设置电子签章

5.4.3 电子签章组件应用

电子签章多用于业务审批流程网签类场景需求，审批环节可通过移动应用实现在手机上手写签名操作。签名完成后，系统将自动生成 PNG 格式的签名图片，并以 base64 编码的形式保存到数据库表内，方便后续随时调用查看。其操作步骤为：添加控件→设置填报属性，电子签章效果如图 5 - 22 所示。

第一步，添加控件：新建决策报表后，在控件管理面板新增【手写签名】控件，并将其拖入"body"中使用，详细操作可参照图 5 - 23 所示。

第二步，设置填报属性：由于决策报表无法直接填报，需通过添加事件实现填报。先添加按钮控件，给对应的按钮添加点击事件，选择"提交入库"，提交类型选择"插入提交"，选择存储的目标库表，通过公式将对应的签名字段与手写签名控件绑定，具体情形可参考图 5 - 24 所示。

图 5 - 23 添加控件

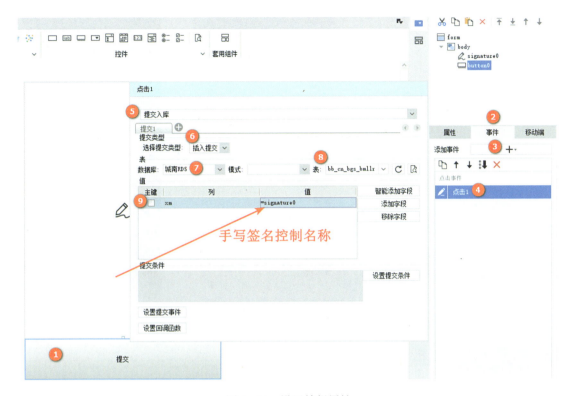

图 5-24 设置填报属性

小贴士

（1）电子签章组件仅适用于决策报表场景。

（2）决策报表无法直接填报，需通过添加事件方式实现填报，且用于入库的表字段必须是"Blob"类型。

（3）由于决策报表无法识别手写签名控件，因此添加值的方式只能通过公式来绑定控件。

5.4.4 语音组件应用

语音组件主要是通过调用 i 国网语音转文字能力，实现语音与文字的自动转换，并将转换后的文字填充至填报项内。该能力在信息采集类场景中应用得较为普遍，当需要填报大量文字或手写不方便时，可使用该功能。具体操作步骤如下：

将表单以填报的形式挂接上架后，页面功能区右下角自动出现语音输入选项；或下钻跳转页面为填报预览时，功能区右下角同样也会出现语音录入按钮。使用方法具体为，首次点击可唤起麦克风录入语音，录入结束后再次点击该按钮，系统便会自动将语音转换为文字并复制至手机剪切板，用户确认无误后粘贴至页面对应输入框内，语音组件使用效果如图 5-25 所示。

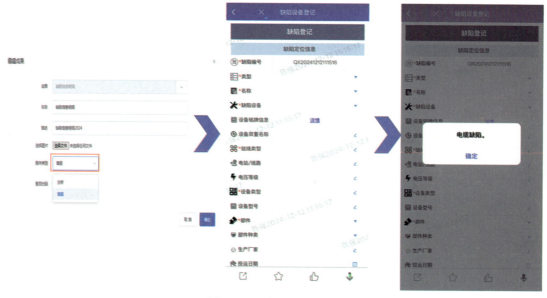

图 5 - 25　设置语音组件

小贴士

（1）由于决策报表不支持填报预览，所以无法使用语音组件。

（2）语音录入时长限制在 60s 内。

5.4.5　扫一扫组件应用

扫一扫组件是通过调用 i 国网扫码接口，实现对二维码、条形码的扫描，并将扫描结果填充至填报项内。该功能在物资设备管理、仓储管理等场景开发较为常用，扫一扫效果如图 5 - 26 所示。

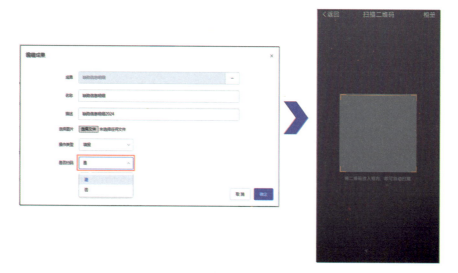

图 5 - 26　扫一扫效果

配置扫码功能包含两种方式，具体操作如下：

方式 1，发布配置：在表单发布时配置扫一扫功能，页面功能区右下角自动出现扫一扫选项。扫描结果会自动复制至手机剪切板，用户确认无误后粘贴至页面对应的表单控件中，详情可参考图 5 - 27 所示。

图 5 - 27　发布配置

方式 2，url 配置：在配置下钻跳转报表页面 url 时拼接参数 scptscan＝"1"，页面功能区右下角同样会自动出现扫一扫功能选项。扫描结果会自动复制至手机剪切板，用户确认无误后粘贴至页面对应的表单控件中。

小贴士

扫一扫目前仅支持扫描二维码和条形码。如二维码扫描后为网络链接，受 i 国网架构限制，需扫码后粘贴至浏览器进行访问。

5.4.6　地图组件应用

地图组件是通过集成思极地图，实现坐标获取、多点地图、路径导航等功能。其中，获取坐标和多点地图是通过调用 i 国网内置的思极地图组件实现；路径导航则是通过唤醒思极地图 APP 实现。该能力通常用于地图调用类场景，方便班组人员记录所处位置、查找特定位置，并在相应位置添加信息，实现企业员工在组内信息共享。

5.4.6.1　获取坐标

获取坐标是通过集成思极地图定位功能，调用手机定位功能以获取当前所处位置的经纬度信息，并将其返回至表单内。具体操作为：通过 JS 配置页面跳转功能，在跳转页面 url 中采用 GET 传参的方式拼接 "＆scptPT＝1"；跳转页面后，在页面功能区右下角会自动出现采集坐标的图标，从而实现获取坐标的功能。其操作步骤为：配置一级过渡页面→配置二级过渡页面→配置坐标填报页面，获取坐标效果如图 5 - 28 所示。

图 5-28 获取坐标效果

> 场景示例

某供电公司创建"电网运维全景地图"应用，需将采集的坐标经纬度信息通过填报页面存储至数据库中。预先开发两张过渡页面，第一张过渡页面用于传参，第二张过渡页面用于获取坐标页面。具体操作步骤如下：

第一步，配置一级过渡页面：点击【模板】→【模板 Web 属性】，在模板 Web 属性配置页面点击【分页预览设置】，选择"为该模板单独设置"；点击增加事件按钮【+】，添加"加载初始事件"，通过 JS 配置页面跳转功能，在跳转页面 url 中拼接"&scptPT=1"，详情可参考图 5-29 和图 5-30 所示。

第二步，配置二级过渡页面：该页面是坐标采集成功后返回的页面，即【一级过渡页面】跳转的页面。点击【模板】→【模板 Web 属性】，在模板 Web 属性配置页面选择【分页预览设置】，选择"为该模板单独设置"，点击增加事件按钮【+】，添加"加载初始"事件，通过 JS 配置页面跳转功能。判断如果没有获取经纬度信息，说明是【一级过渡页面】跳转过来的；如果有经纬度信息，说明坐标采集成功，需要跳转至填报页面并将采集到的经纬度信息传递至填报页面，如图 5-31 所示。

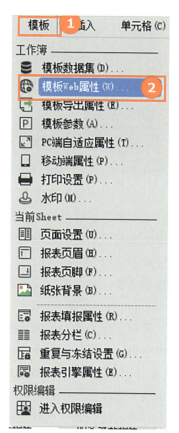

图 5-29 模板 web 属性

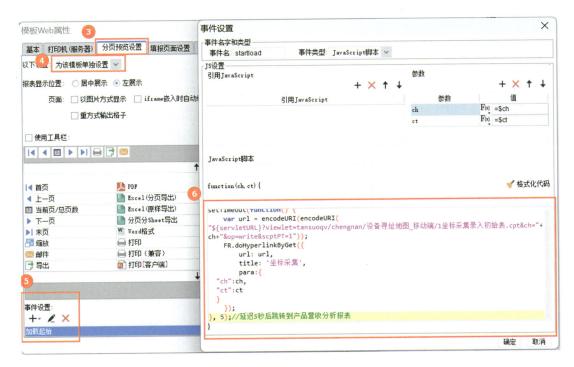

图 5 - 30　配置模板 web 属性

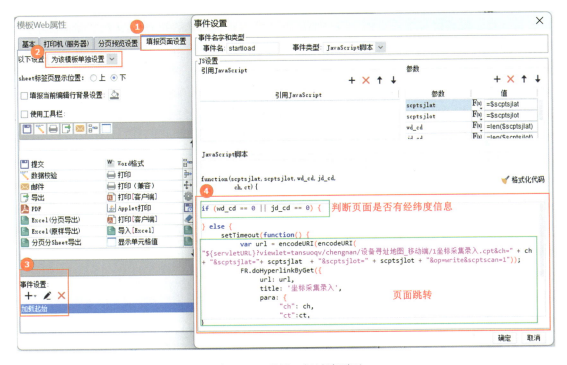

图 5 - 31　配置二级过渡页面

事件设置代码如下：

```
if (wdcd = = 0 || jdcd = = 0) { } else {
    setTimeout(function () {
        varurl = encodeURI(encodeURI("${servletURL}? viewlet = tansuoqv/chengnan/设备寻址
    地图移动端/1 坐标采集录入.cpt&ch = " + ch + "&scptsjlat = " + scptsjlat + "&scptsjlot = " +
    scptsjlot + "&op = write&scptscan = 1"));
        FR.doHyperlinkByGet({
            url:url,
            title:坐标采集录入,
            para:{
                "ch":ch,
                "ct":ct,
                "scptsjlat":scptsjlat,
                "scptsjlot":scptsjlot
            }
        });
    },5);   //延迟 5 秒后跳转到产品营收分析报表
}
```

第三步，配置坐标填报页面： 该页面应处于填报预览状态，可通过参数 "$scptsjlot"
获取经纬度信息。通过配置填报属性，将获取的经纬度信息存储至数据库指定字段，详情
可参考图 5-32 所示。

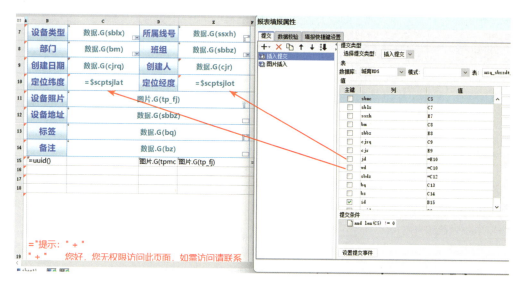

图 5-32　配置坐标填报页面

5.4.6.2　路径导航

路径导航是指通过唤醒手机思极地图 APP，实现地理位置自动导航、行车路线自动规划。具体操作为：通过 JS 配置页面跳转功能，在跳转页面 url 中以 GET 传参的方式拼接 scptlat、scptlot 参数。跳转页面后，在页面功能区右下角会自动出现导航的图标，点击该图标即可唤醒思极地图 APP，实现路径导航的功能。其操作步骤为：配置主页面→配置过渡页面，路径导航效果如图 5 - 33 所示。

图 5 - 33　路径导航效果

> ➤ 场景示例

某供电公司创建"电网运维全景地图"应用，需预先开发两张表单，第一张作为传参使用，第二张为导航页面。通过传递 scptlat、scptlot 参数，实现导航（根据坐标导航）功能，页面功能区右下角自动出现导航按钮。具体操作步骤如下：

第一步，配置主页面：在【3 设备导航】页面选中 F8 单元格，点击右侧属性面板的【条件属性】，添加【超级链接类型】属性，勾选"使用链接"，添加 JavaScript 脚本，将经纬度信息以 url 传参的方式传递到过渡页面，如图 5 - 34 所示。

JavaScript 脚本如下：

```
var url = encodeURI(encodeURI("${servletURL}? viewlet = tansuoqv/chengnan/设备寻址地图移动端/设备明细.cpt&op = h5&scptlot = " + scptlot + "&scptlat = " + scptlat + "&sbmc = " + sbmc + "&sbdz = " + sbdz));
FR.doHyperlinkByGet({
    url:url,
    title:设备寻址地图,
    para:{}
})
```

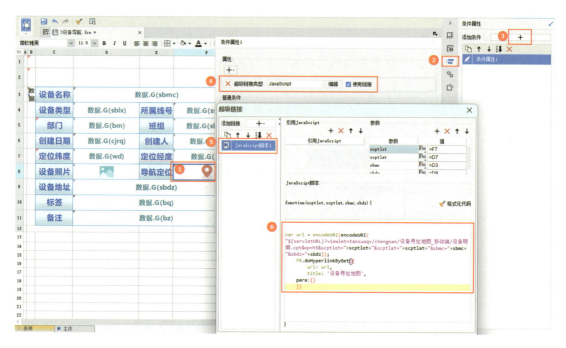

图 5 - 34　配置主页面

第二步，配置过渡页面：过渡页面的主要作用是传入经纬度数据，因此只要页面 url 中有 scptlat、scptlot 参数，在页面功能区的右下角便会自动出现导航按钮，点击按钮即可自动唤醒思极地图 APP 实现导航。

　　使用路径导航功能时，手机端需安装思极地图 APP。

5.4.6.3　多点地图展示

　　多点地图展示是指通过集成 i 国网内置思极地图功能，将用户自主设置的多个地理位置信息在地图中展示，并支持添加备注和导航功能。具体操作用户仅需使用外网端报表工具开发填报报表，并向指定的数据库表插入该场景所需地理位置信息即可。

　　具体规则如下：

　　数据连接名称：消息签章。

　　数据表名称：map_info，map_type_image。

　　map_info 表结构如表 5 - 1 所示。

表 5 - 1　　　　　　　　　　　　　**map_info 表结构**

字段名	类型	注释	备注
id	varchar		id 固定为 UUID（主键），不可重复

续表

字段名	类型	注释	备注
orgcode	varchar	单位 code	
scene	varchar	场景	同一单位场景不可重名
filter_1_name	varchar	一级过滤名称	同一单位同一场景下一级过滤名称必须唯一，非必填项
filter_1	varchar	一级过滤	如一级过滤名称字段不为空，filter_1 为必填项
filter_2_name	varchar	二级过滤名称	同一单位同一场景下二级过滤名称必须唯一，非必填项
filter_2	varchar	二级过滤	如二级过滤名称字段不为空，filter_2 为必填项
filter_3_name	varchar	三级过滤名称	同一单位同一场景下三级过滤名称必须唯一，非必填项
filter_3	varchar	三级过滤	如三级过滤名称字段不为空，filter_3 为必填项
type	varchar	设备类型	地理位置信息对应内容类型，如变压器、施工点位
name	varchar	名称	name 地理位置信息名称
longitude	double	经度	
latitude	double	纬度	

map_type_image 表结构如表 5 - 2 所示。

表 5 - 2　　　　　　　　　　　　　　**map_type_image 表结构**

字段名	类型	注释	备注
id	varchar		id 固定为 UUID（主键），不可重复
orgcode	varchar	单位 code	
scene	varchar	场景	同一单位场景不可重名，与 map_info 表 scene 字段关联
type	varchar	设备类型	地理位置信息对应内容类型，如：变压器、施工点位。与 map_info 表 type 字段关联
image	longtext	图片	image 为图标的 base64 信息

数据添加成功后联系数创平台项目组发布多点地图场景。

展示效果如图 5 - 35 所示。

图 5-35 配置多点地图

5.4.7 i 国网消息应用

i 国网消息应用是指通过与 i 国网消息接口集成，实现 i 国网消息的即时发送和定时发送。具体操作为用户仅需使用外网端报表工具开发填报报表，并向指定的数据库表插入消息数据即可。

具体规则如下：

数据连接名称：消息签章。

数据表名称：message_push_sync_list。

表结构如表 5-3 所示。

表 5-3   i 国网消息表结构

字段名	类型	注释	备注
id	varchar		主键，固定为 UUID，不可重复
user	varchar	账号	消息接收人的 ISC 账号
url	varchar	链接	固定为 NULL
title	varchar	标题	固定为 NULL
type	varchar	类型：text 文本类型消息	固定为 text
content	varchar	消息内容	消息内容（在消息内容最后需要加上 "<a href＝'zipapp：//zipapp.1001020/index.html'>消息详情</a>"；起到作用是点击消息详情直接进入数据创新的微应用

续表

字段名	类型	注释	备注
picurl	varchar		
description	varchar		
user_type	varchar	1 是人；2 是单位	固定为 1
status	varchar	1 待取；2 已取	固定为 1
send_type	varchar	1 立即发送；2 定时发送	发送类型，如需即时发送，可不填入，如需定时发送，填入 2 即可
send_time	datetime	定时发送的发送时间	发送时间，当 send_type 为 2 时，send_time 为必填项，内容为消息发送时间，精确到秒

 小贴士

（1）消息推送时 user 必须是 ISC 账号并确保账号无误，若账号错误或者账号未登录过 i 国网，消息会发送失败。

（2）定时发送消息时，注意时间格式应为"yyyy−MM−dd HH：mm：ss"。

5.5　流　程　配　置

流程配置是指通过将流程与表单进行挂接，实现数据填报的流程化。当前移动端流程触发类型主要分为以下两种：一是即时触发，开发人员在完成流程基础配置后，立即启动流程；二是定时触发，开发人员在完成流程基础配置后，设置定时任务，系统自动启动流程。此项能力多应用至协同处理类场景，推动业务流转线上化，减少电话、邮件、纸质签字等环节，大幅提升业务流程执行效率。其操作步骤为：表单设计→流程绘制→流程配置→流程部署→流程启动。

第一步，表单设计：流程类场景的表单包括填报类和展示类，其设计与开发步骤请参照前面报表开发章节。

第二步，流程绘制：登录数创平台移动应用管理端，进入微应用管理→流程管理→新建模型。可根据自身需求，在新建模型页面通过拖拽形式进行流程环节绘制和环节间连线，如图 5-36 所示。

第三步，流程配置：对流程各环节配置角色编码（角色编码规范是 $\${ass0}$，$\${ass1}$，$\${ass2}$ 以此类推），以此控制各类角色对环节的操作权限；对流程环节连线配置操作编码（操作编码是｛pass==1｝代表通过或｛pass==0｝代表驳回），以此控制各环节的走向及触发条件。具体操作如图 5-37 所示。

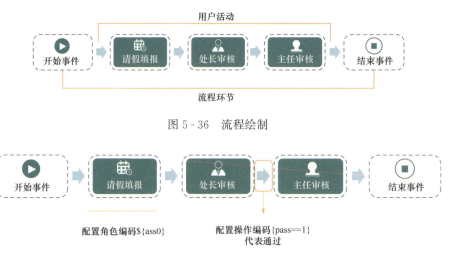

图 5-36 流程绘制

图 5-37 流程配置

第四步，流程部署：依次进入微应用管理→流程管理→模型部署。开发人员在保存所绘制的流程后，在模型部署中发布该流程，并支持流程编辑、撤销和删除操作，如图 5-38 所示。

编号	模型编号	模型名称	单位	是否已部署	创建时间 ⇕	修改时间 ⇕	操作
1	30003	default	国网天津市电力公司	未部署	2024-01-11 17:14:03	2024-01-11 17:14:03	模型部署 ∨ 流程控制 ∨
2	30001	default	国网天津市电力公司	未部署	2023-11-24 16:26:09	2023-11-24 16:26:09	模型部署 ∨ 流程控制 ∨
3	27501	default	国网天津市电力公司	未部署	2023-05-04 17:16:42	2023-05-04 17:16:42	模型部署 ∨ 流程控制 ∨
4	20257	default	国网天津市电力公司	未部署	2022-06-15 16:08:46	2022-06-15 16:08:46	编辑模型 ⋮ 流程控制 ∨
5	20255	default	国网天津市电力公司	未部署	2022-06-14 15:22:35	2022-06-14 15:22:35	部署模型 流程控制 ∨
6	20253	default	国网天津市电力公司	未部署	2022-06-14 14:52:19	2022-06-14 14:52:19	撤销部署模型 流程控制 ∨
7	20251	default	国网天津市电力公司	未部署	2022-06-13 18:05:19	2022-06-13 18:05:19	删除模型 流程控制 ∨
8	20234	电力大厦报修单	国网天津市电力公司	已部署	2022-06-07 19:28:46	2022-06-07 19:31:01	模型部署 ∨ 流程控制 ∨

图 5-38 流程部署

第五步，流程启动：

（1）即时触发：进入微应用管理→流程管理→流程控制→发起流程，完成挂接表单、配置权限等操作后即可启动流程。具体操作步骤如下：

1）挂接表单：开发人员在发起流程时选择该流程所需表单，即可完成表单和流程的挂接，如图 5-39 所示。

2）配置人员账号：对流程环节的角色编码配置相应的统一权限人员账号信息，即可实现执行人员与环节的挂接。例如班长审核的角色编码是 $ \{ass1\}$，在选择人员时应将

图 5 - 39　挂接表单

所选人员配置成相同编码，各流程环节与自身角色编码是一一对应的关系，角色编码与所选人员可以是一对多的关系，如图 5 - 40 所示。

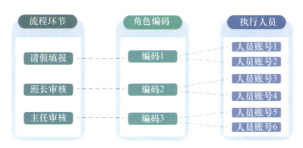

图 5 - 40　流程环节、角色编码、执行人员关系

第三步，流程启动：完成挂接表单和配置人员后，该流程立即启动。

（2）定时触发：进入微应用管理→流程管理→流程控制→定时流程→新增定时流程。企业员工通过设置定时周期实现流程在固定时间启动。具体操作步骤如下：

1）挂接表单：可参照即时触发流程进行配置。

2）配置人员：可参照即时触发流程进行配置。

3）定时周期：企业员工可对流程进行时间设定，所设时间可精确至秒，设定完成后，流程将根据时间定时启动，如图 5 - 41 所示。

图 5 - 41　配置定时周期

小贴士

（1）流程的绘制必须设置开始事件和结束事件。

（2）每个流程仅能挂接一张表单。

5.6 应用发布

应用发布是指将开发完毕的移动应用场景发布至服务器上的过程。目前，各基层单位都配有二级管理员权限，可自行进行移动应用管理，包括频道、TAB 页签、应用目录结构、应用图标、应用名称、应用权限等，其操作步骤为：模板挂接→应用发布。

第一步，模板挂接：将开发完毕的应用场景模板文件和 SQL 文件统一打包发送至平台运维人员，由运维人员上传至信息外网服务器指定目录下。

第二步，应用发布：

（1）成果发布：登录数创平台移动应用管理端，进入微应用管理，点击【新建成果】，选择需要发布的模板文件，或模糊搜索匹配。自定义配置成果名称、成果背景图、操作类型（预览方式）、是否需要扫码等。具体操作如图 5-42 所示。

图 5-42　成果发布

（2）应用发布：进入微应用管理，配置应用名称、描述和应用图标，如图 5-43 所示。

若需单页面发布，则可配置为只有一个 TAB 页签且该页签只挂接一个页面成果，如图 5-44 所示。

图 5-43　应用发布

图 5-44　单独发布

若对成果进行打包发布，进入应用配置功能，可配置多个 TAB 页签，每个页签可按需挂接成果进行打包组合发布，如图 5-45 所示。

图 5-45　打包发布

（3）挂接频道：应用管理人员可以进行频道管理，按需新建频道，并设定频道的排列顺序，如图 5-46 所示。

通过配置频道将应用挂接至频道下，如图 5-47 所示。

图 5-46　挂接频道

图 5-47　挂接操作

（4）配置权限：应用管理人员进入权限配置模块，新建角色，角色创建好以后，给角色配置频道资源，如图 5-48 所示。

图 5-48　配置权限

通过权限配置将角色分配给单位或指定的用户，并通过角色与频道的对应关系，间接实现用户对频道的权限控制，角色分配给单位如图 5-49 所示，角色分配给指定用户如图

5 - 50 所示。

图 5 - 49　角色分配（单位）

图 5 - 50　角色分配（用户）

模板挂接步骤需要提供场景模板文件，暂不需要 SQL 文件。

本 章 小 结

　　本章深入探讨了报表工具移动应用的开发流程，帮助读者掌握移动端数据展示的适配方法，设计符合移动端阅读习惯的页面，熟悉流程配置和应用发布技巧，实现内网数据与移动功能的流畅对接，为提升业务效率和用户体验打下了坚实基础。通过本章的学习，希望读者具备独立构建并发布适用于各类远程电网业务移动应用的能力，更好地满足业务的多元化需求，推动移动应用开发在相关领域的高效实践。

练一练

习题 1：请结合 95598 工单管理业务，选用共性数据集"dws_cst_95598wkst"宽表，自行创建某供电公司 95598 工单按供电服务中心分类的统计汇总表并下钻至明细表展示工单明细。

习题 2：请结合某供电公司现场作业工作实际需求，在探索区 RDS 数据库自行建表，并开发一个具备上传图片和添加文字说明功能的移动端随手记场景。

习题 3：请结合一线班组配电线路巡检工作需求，在探索区 RDS 数据库自行建表，并开发一个移动端采集地理位置信息辅助工具，可调用思极地图 APP 获取地理位置信息，通过填报功能将经纬度信息存储至数据库中，并自行创建一个移动导航的场景，可调用思极地图 APP 导航功能至指定地点。

第6章

BI 工 具 应 用

BI工具是在线开展数据分析工作的商业智能（Business Intelligence）[❶]软件，主要以拖拽式和配置式的操作为主，数据处理分析门槛较低，企业员工无需培训即可上手，可支撑用户快速开展简单数据处理分析，支持统计、多维、挖掘、预测等深度分析，具备可视化功能，将复杂数据转化为直观图表。

基于BI工具开展数据产品开发，主要包括数据源连接、数据准备、场景开发、场景发布四个主要步骤，即用户在线获取数据后，形成自助数据集，通过拖拉拽的形式快速形成图表，供用户自由地对数据进行分析和探索。BI场景开发流程如图6-1所示。

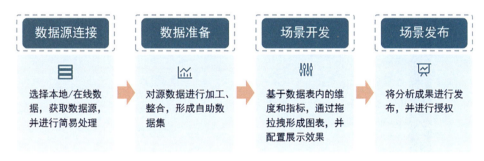

图 6-1　BI 场景开发流程

📖 6.1　数 据 源 连 接

数据源连接是指BI工具与存储数据的文件或数据库之间的接口或桥梁，数据源主要包括本地数据和在线数据两类。本地数据是指存储在本机的Excel、TXT等文件内的离线数据，在线数据包括MySQL、Oracle、PostgreSQL等多种数据库内的数据。

6.1.1　加载本地数据

加载本地数据是指将本地数据上传至BI工具，其操作步骤为：新建服务器数据集→选择数据集类型→加载Excel数据。具体操作步骤如下：

---

❶　商业智能（Business Intelligence，简称：BI），又称商业智慧或商务智能，指用现代数据仓库技术、线上分析处理技术、数据挖掘和数据展现技术进行数据分析以实现商业价值。

第一步，新建服务器数据集：以管理员身份进入 BI 工具，点击【管理系统】→【数据连接】→【服务器数据集】，进入创建数据集管理页面，如图 6-2 所示。

图 6-2　新建服务器数据集

第二步，选择数据集类型：点击【创建数据集】按钮后出现选择数据集类型页面，选择数据集类型为文件数据集，如图 6-3 所示。

图 6-3　选择数据集类型

第三步，加载本地数据：以 Excel 文件为例，选择文件数据集，进入数据集配置页面，在此页面填写数据集名称、选择文件类型、选择文件来源，并选择需上传的 Excel 文件，出现"Excel 上传成功！"弹框提示后，表示 Excel 数据文件已上传至 BI 服务器中，点击【保存】按钮即可完成数据加载，如图 6-4 所示。

 **小贴士**

已上传的 Excel 文件会自动存储至 BI 工程下的 reportlets \ Excel 目录中；Excel 文件不能超过 20MB；若 BI 服务器目录下存在同名文件，则无法成功上传 Excel 文件。

图 6 - 4 加载 Excel 数据

6.1.2 连接在线数据

连接在线数据是将 BI 工具与数据库进行连接，其操作步骤为：新建数据连接→选择数据库→连接数据库。

第一步，新建数据连接：以管理员身份进入 BI 工具，点击【管理系统】→【数据连接】→【数据连接管理】，进入数据连接管理页面，如图 6 - 5 所示。

图 6 - 5 新建数据连接

第二步，选择数据库：以 MySQL 数据库为例，点击【新建数据连接】按钮，进入选择数据库类型页面，选择数据库类型为 MySQL，如图 6 - 6 所示。

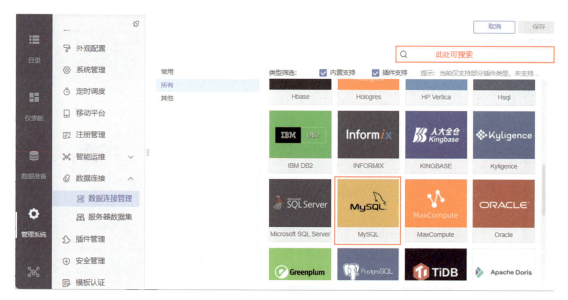

图 6-6　选择数据库

　　第三步，连接数据库：点击【MySQL 数据库】，进入数据库配置页面，在此页面填写数据连接名称，选择数据库驱动为"com. mysql. jdbc. Driver"，输入数据库名称、主机（IP）、端口、用户名、密码，点击【测试连接】按钮，出现"连接成功"弹框提示表示数据库连接成功，点击【保存】按钮即可完成数据加载，如图 6-7 所示。

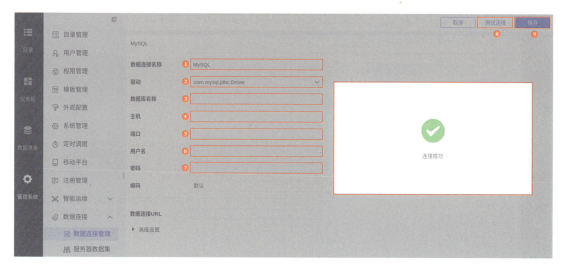

图 6-7　连接数据库

小贴士

　　数据连接一旦建立，其名称不能随意改动。更新到本地的表与数据库匹配依靠的是数据连接的名称，因此随意修改数据连接的名称，会导致从该数据连接中取出的表将无法再更新。

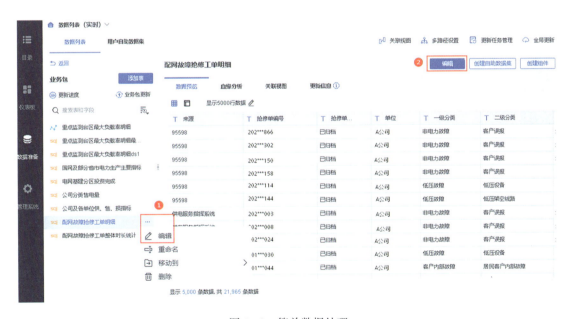

6.2　数　据　准　备

数据准备是指在 BI 工具内使用函数对源数据进行简单或深度整理加工的过程，主要基于业务需求及分析逻辑，对源数据进行关联、组合、转化，最终形成自助数据集。

6.2.1　简单数据处理

简单数据处理是指对数据表进行字段类型转换、字段设置、创建自循环列和行列转换等简单的数据处理操作。其操作步骤为：进入编辑页面→选择字段→设置操作类型→字段设置。

目前可以通过两种方式进入基础表编辑界面：

（1）选中需要编辑的基础表，找到表右侧的【...】按钮，点击【编辑】便可进入基础表编辑页面。

（2）选中需要编辑的表，在右上角点击【编辑】按钮也可以进行基础表编辑页面，如图 6-8 所示。

图 6-8　简单数据处理

➤场景示例

某公司需要对应收电费进行时序分析，但因业务数据表中的"发行日期字段（release_date）"为文本类型，无法直接应用，需要将该字段类型转换为日期类型，具体操作步骤如下：

第一步，进入编辑页面：选中需要操作的数据表进入编辑界面，如图 6-9 所示。

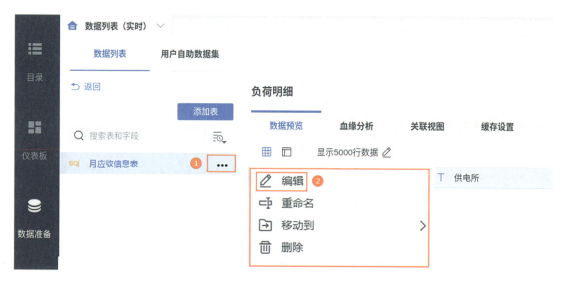

图 6-9　进入编辑页面

第二步，选择字段：进入编辑界面，勾选需要修改的字段"发行日期字段（release_date)"字段，点击【预览】按钮查看数据，可看到发行日期为文本类型格式，如图 6-10 所示。

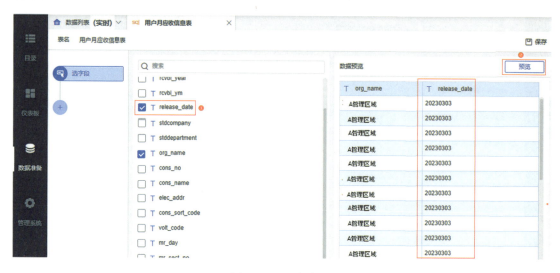

图 6-10　选择字段

第三步，设置操作类型：勾选所需要的数据，点击左侧的【＋】按钮，选择【字段类型转换】，进入字段类型设置界面，如图 6-11 所示。

第四步，字段设置：进入字段类型设置界面后，在"发行日期字段（release_date)"字段前选择字段类型为日期类型即可，如图 6-12 所示。

图 6-11　设置操作类型

图 6-12　字段设置

（1）当转换后的字段格式不规范时（比如将文本"a"转化为数值），会造成该字段为空或者报错。

（2）需要有数据表的管理权限后才可以对数据表进行分类管理。

6.2.2　深度数据加工

深度数据加工是指按业务需求和业务规则对字段进行多表拼接、新增字段、清洗过滤、分组汇总等操作。其操作步骤为：创建自助数据集→选择分析字段→配置计算字段（可选）→组件配置（可选）。

在配置计算字段环节，一般会用到函数计算，其语法结构主要包括函数语句、函数字段、运算符和文本表达四部分，现以 IF 函数进行简要说明：＝IF（Column＞num，value1，value2），其中：

函数语句［IF］，条件判断函数，可根据设定的条件返回不同的结果。

函数字段［Column］，表示目标表的目标字段，即对该字段进行运算。

运算符［＞］，对目标字段做计算所用的运算逻辑，如大于（＞）、小于（＜）等运算符。

文本表达［value1，value2］，表示运算后，返回的对应结果。

目前 BI 工具常用的函数语法结构如表 6-1 所示。

表 6-1　　　　　　　　　　　BI 工具常用函数语法结构表

语法结构	函数用途	函数类型	函数简介
IF（判断条件，值1，值2）	判断函数	逻辑函数	判断函数，返回第一个非空值
ROUND（数字，小数位）	计算函数	数学函数	返回某个数字按指定位数舍入后的数字
max（字段名）	最大函数	聚合函数	返回某一列中的最大数值
min（字段名）	最小函数	聚合函数	返回某一列中的最小数值
abs（字段名）	绝对值函数	数学函数	返回给定数字的绝对值
len（字段名）	长度函数	文本函数	返还给定字符串的长度
mid（字段，起始位置，字符长度）	字符串截取函数	文本函数	提取字段1值中位置为 a 开始，取 n 位字符
format（字段名，'转换格式'）	文本转换函数	类型转换函数	格式化字段，字段可以是文本、数字、日期
now（）	时间函数	日期函数	返回当前时间
split（字段，'分隔符'）	分割函数	文本函数	返回由分隔符分割的字段组成的字符串数组

➤ 场景示例

以新增字段功能为例，某公司需要按故障一级分类统计抢修工单数量，现有数据仅有故障抢修的明细数据信息，且部分故障一级分类字段为空，需要转换为"非电力故障"，具体操作步骤如下：

第一步，创建自助数据集：在【数据准备】中，选中"配网故障抢修工单明细"在右上角点击【创建自助数据集】按钮，如图 6-13 所示。

图 6-13　创建自助数据集

第二步，选择分析字段：进入自助数据集配置界面，将"抢修单编号""抢修单状态""单位""一级分类""报修时间"字段勾选上，如图6-14所示。

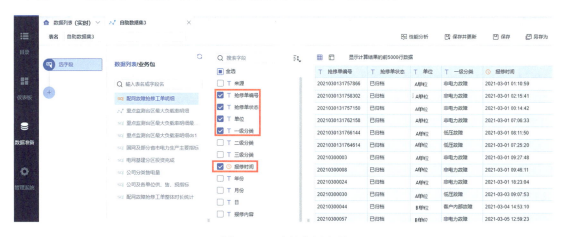

图6-14 选择分析字段

第三步，配置计算字段：点击左侧的【＋】按钮，选择新增列，插入公式 if（一级分类＝null," 非电力故障"，一级分类），此公式表示如果一级分类字段为空值，即替换为非电力故障，否则依然取当前值，点击【确定】即可保存当前设置，如图6-15所示。

图6-15 配置计算字段

第四步，组件配置：点击左侧的【＋】按钮，选择分组汇总设置，将新增列"一级分类（转换）"字段拖入到分组框中，将"抢修单编号"字段拖入到汇总框中，并点击字段的三角按钮选择记录个数，最后点击【确定】即可，确定无误后点击【保存】即完成数据准备，操作步骤如图6-16所示。

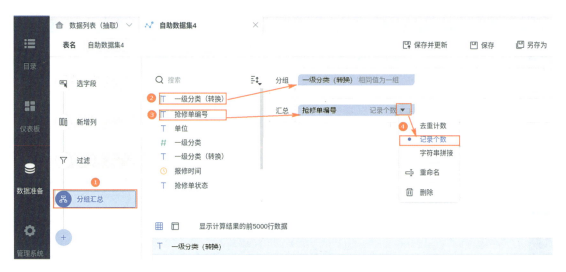

图 6-16　组件配置

**小贴士**

（1）调用函数时，会自动提示语法结构和示例，可以参照使用。

（2）若基础表数据量大，会造成在线数据处理执行较慢，建议参考"3.3 数据作业调度"进行优化。

（3）自助数据集表中分析的相关操作越多，响应速度越慢，建议在单个自助数据集内，处理的操作不超过 15 个。

 **6.3　场　景　开　发**

场景开发主要是以数据准备阶段生成的自助数据集为基础，以拖拽的形式开展数据探索的过程，包括对场景风格、页面布局、互动效果进行配置。本节重点对基础图表应用、图表互动应用两类由简入难进行详细讲解。

6.3.1　基础图表应用

基础图表应用主要是对单个图表进行开发，目前工具中图表可分为比较类、占比类、趋势或关联类、分布类，用户可根据自己的场景需求选择适合的图表。其操作步骤为：创建仪表板→添加图表数据→创建图表→美化图表，各类图表使用目的如表 6-2 所示。

表 6-2 图表作用分类表

使用图表的目的	适合的图表类型
比较	柱形图、对比柱形图、分组柱形图、堆积柱形图、分区折线图、雷达图、词云、聚合气泡图、玫瑰图
占比	饼图、矩形块图、百分比堆积柱形图、多层饼图、仪表盘
趋势或关联	折线图、范围面积图、面积图、散点图、瀑布图
分布	散点图、地图、热力区域图、漏斗图

以各行业售电量统计图表为例，具体操作步骤如下：

第一步，创建仪表板：数据准备完成后，在仪表板模块点击【新建仪表板】按钮，创建仪表板，如图 6-17 所示。

图 6-17 创建仪表板

第二步，添加图表数据：进入仪表板编辑页面，点击左侧【组件】按钮选择"公司分类售电量"数据表，点击【确定】按钮即可将数据添加至仪表板中，如图 6-18 所示。

第三步，创建图表：在图表类型下选择【自定义图表】，图形属性下选择【柱形图】。将"指标名称"字段拖入横轴，"当月售电量"字段拖入纵轴，如图 6-19 所示。

第四步，美化图表：可以设置颜色、大小、数据标签、数据提示和数据排序等，点击【颜色】栏，设置柱形图颜色，如图 6-20 所示。

将"当月售电量"字段拖入标签栏，每根柱子显示行业分类对应的售电量数值，如图 6-21 所示。

鼠标悬浮在横轴中的"指标名称"字段上，点击【下拉按钮】→【降序】→【当月售电量（求和）】，设置柱状图按照当月售电量降序显示，如图 6‑22 所示。

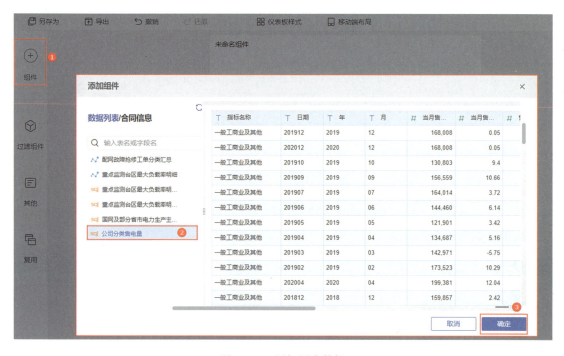

图 6‑18　添加图表数据

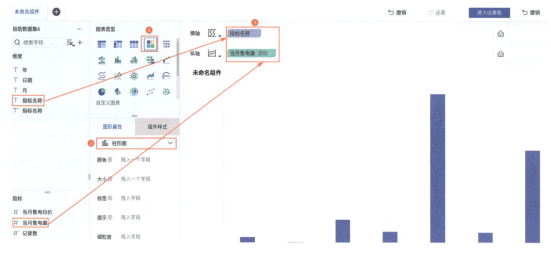

图 6‑19　创建图表

图 6 - 20　设置柱形图颜色

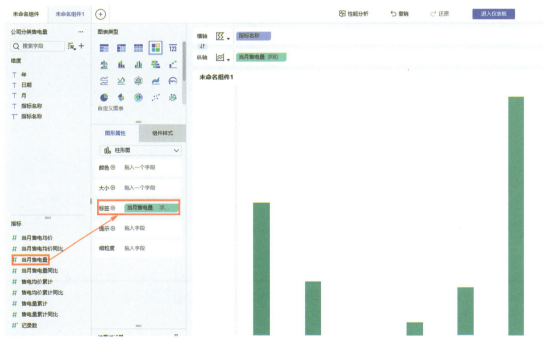

图 6 - 21　设置标签

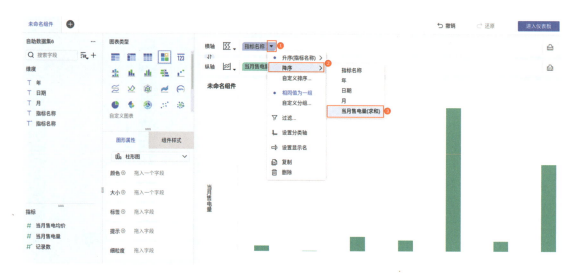

图 6-22　设置排序方式

 小贴士

（1）在设置图表颜色时，将需要设置的字段拖入【颜色】栏，柱子可以根据字段值显示不同颜色。

（2）自定义标签数值大小时，需要选中文本框中的文字后进行设置。

（3）点击标签栏，点击【内容格式】右下角编辑按钮，字体样式选择【自定义】，即可自定义标签的字体、字号、颜色等。

（4）图表设置中支持图表的特殊显示：

1）注释功能：可以对某些特殊的点作批注功能，点击即可显示批注（支持所有图表类型）。

2）闪烁动画功能：可以实现对图表闪烁展示（仪表盘、热力图、热力地图不支持此效果）。

6.3.2　图表互动应用

图表互动应用较之基础图表更为复杂，涉及柱图、条形图、饼图、明细表等多种元素的组合，实现对多维图表进行图表联动、钻取查询、条件筛选。

6.3.2.1　图表联动

图表联动是指当图形或图表组件之间含有逻辑关系时，点击一个图表字段展示区域，关联图表会显示以对应字段为筛选条件的数据。其操作步骤为：编辑联动→联动设置。

> 场景示例

抢修工单分析场景需要展示每日的工单总量、故障类型分布和工单明细信息，现需要点击单日工单总量时，同步展示当日的故障类型分布及当日的工单明细信息，具体操作步骤如下：

第一步，编辑联动：在仪表板编辑页面选中【每日抢修工单情况】组件，在箭头下选择联动设置按钮，如图6-23所示。

图6-23　编辑联动

第二步，联动设置：进入联动关联选择页面，在【抢修工单故障情况分布】和【各单位抢修工单明细】组件右上角设置组件联动，设置完成后，点击仪表板右上角的【确定】按钮，即可完成组件联动设置，操作步骤如图6-24所示。

图6-24　联动设置

小贴士

（1）联动设置的前提是图表直接有关联关系，可以理解为有关联字段，如图6-24中3个图形所用数据集中均有日期字段。

（2）若建立联动的两个组件使用的数据集中有字段的字段类型、字段名称相同，BI工具会自动将这些字段作为关联字段（依赖字段）。

（3）自定义的关联字段（依赖字段）类型需要一致，若不一致，标红提示，组件之间无法产生联动。

（4）当组件使用的数据表发生变化时，例如组件使用的数据表被更换时，所有和该组件有关的联动依赖不生效。

6.3.2.2　钻取查询

钻取查询是通过一个页面，按照钻取条件逐级向下钻取到下一级页面，其操作步骤为：创建钻取目录→创建组件→设置钻取顺序。

第一步，创建钻取目录：以按故障类别统计抢修工单为例，点击故障一级分类选择【创建钻取目录】，将钻取目录的名称修改为"分类"，点击【确定】按钮，如图6-25所示。

图6-25　创建钻取目录

将"二级分类"和"三级分类"【加入钻取目录】→【分类】，如图6-26所示。

第二步，创建组件：将"一级分类"字段和指标字段"记录数"拖入分析区域，选择图表类型为【柱形图】，如图6-27所示。

图6-26　加入分类

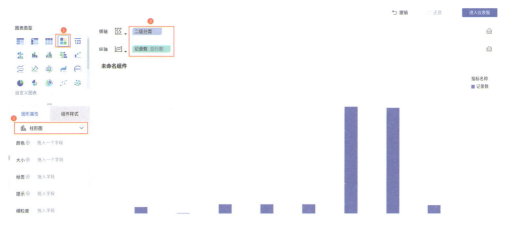

图6-27　创建组件

第三步，设置钻取顺序：选择钻取字段的【下拉】→【钻取顺序】，可以设置钻取顺序为【固定】或【不固定】，系统默认为【固定】，如图6-28所示。

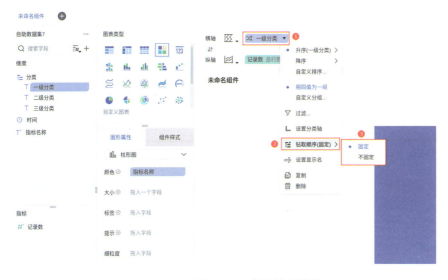

图6-28　设置钻取顺序

小贴士

钻取顺序固定表示在钻取的时候，按照加入钻取目录的顺序钻取；钻取顺序不固定时需要自定义选择下钻字段顺序。

6.3.2.3 条件筛选

条件筛选是在仪表板中添加过滤条件，对展示数据进行筛选。目前 BI 工具中的筛选组件有时间过滤组件、文本过滤组件、树过滤组件、数值过滤组件、复合过滤组件、查询重置组件等。其操作步骤为：创建过滤组件→过滤组件绑定数据。

以时间过滤组件为例，具体操作步骤如下：

第一步，创建过滤组件：进入仪表板，添加【日期过滤组件】，选择日期筛选，如图6-29 所示。

图 6-29　创建过滤组件

第二步，过滤组件绑定数据：将"报修时间"日期字段拖拽至数据绑定区域，点击【日期过滤组件】即可添加完成，如图 6-30 所示。

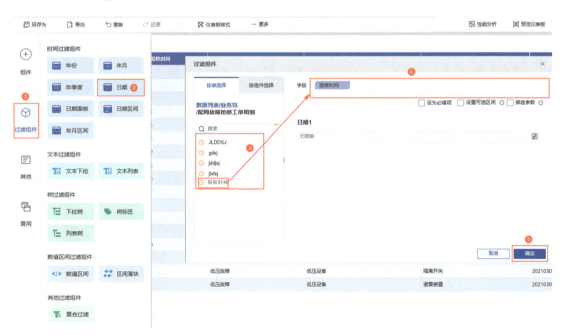

图 6-30　过滤组件绑定数据

 **小贴士**

（1）一个仪表板中只能添加一个【复合过滤】组件。

（2）计算字段不支持作为过滤字段绑定至过滤组件中。

（3）共享查看功能，通过进入仪表板界面，选中仪表板，打开【链接分享】按钮，即可将链接分享给没有 BI 工具账号的人员进行查看。

（4）协作编辑功能，管理员可以在【管理系统】→【权限管理】→【资源协作控制】中将自己分析场景分享给其他用户进行协作编辑，共同创作。

6.4 场 景 发 布

场景发布是指将开发完毕的应用场景进行目录挂接及权限分配的过程，用以支撑用户进行安全策略访问。

6.4.1 仪表板发布

仪表板发布主要是将开发完毕的仪表板挂接至指定目录的操作，其主要操作步骤为：申请挂出→管理员审核。

第一步，申请挂出：进入仪表板界面，选择【申请挂出】，如图 6 - 31 所示。

图 6 - 31　申请挂出

第二步，管理员审核：管理员登录 BI 工具，进入【管理系统】→【模板管理】→【快速挂出】，如图 6 - 32 所示。

图 6-32　管理员审核

点击【快速挂出】按钮后，会出现挂出模板界面，选择挂出模板的目录节点，输入显示名称、描述，选择展示终端，如图 6-33 所示。

图 6-33　挂出模板

6.4.2　权限配置

权限配置是决定用户能够查看目录树范围以及其下的应用场景，其主要操作步骤为：目录权限配置→数据权限配置。

第一步，目录权限配置：使用管理员账号登录 BI 工具管理系统，点击【管理系统】→【权限管理】→【普通权限配置】，选择权限载体【部门/角色/用户】，为其分配【管理驾驶舱】的目录查看权限，如图 6-34 所示。

第二步，数据权限配置：点击【管理系统】→【权限管理】→【普通权限配置】，选择权限载体【部门/角色/用户】，选择【数据权限】，为其分配【行业数据】的数据使用权限，如图 6-35 所示。

图 6-34　目录权限配置

图 6-35　数据权限配置

　　本章详尽阐述了市面上主流 BI 工具的场景开发方法，为数据分析领域的初学者提供了明确指引。BI 工具作为低门槛的轻量级数据分析入门利器，在便捷性与易用性方面展现出较大优势。通过对本章内容的学习，读者能够掌握一套涵盖数据源连接、数据准备、场景开发以及场景发布的全流程开发方法。同时，结合具体的场景案例，可帮助读者迅速了解 BI 自助分析在电网企业中的实际应用，进而提高数据分析能力，为后续开展高阶数据分析攻关筑牢坚实基础。

练一练

习题1：连接 RDS 数据库，使用 RDS 数据库中的 bb_sqgdmx 表制作诉求工单交叉明细表，根据表中的供电单位（org_name）字段为行维度，以一级类型（busi_sub_type1）为列维度，计算工单数量形成明细表。

习题2：根据某单位 RDS 中的 95598 工单环节明细表（dws_cst_95598_wkst）制作 95598 各业务工单情况分布饼图，根据业务类型（ywname）字段计算工单数量。

习题3：根据班组数据集中的掉电记录款宽表（dws_cst_nopower）制作各单位频繁停电情况柱形图。

要求如下：

（1）根据表中的停电开始时间（no_power_sd）制作日期过滤组件，筛选某一段时间内的停电数据。

（2）以供电单位（fgsname）为横轴、公司的停电户数为纵轴制作各供电单位停电户数情况柱形图。

（3）以各供电单位停电户数情况柱形图为第一层级，添加钻取功能，通过各供电单位停电户数情况柱形图钻取到各供电单位供电所停电户数柱形图。

第7章

RPA 工具应用

RPA❶（Robotic Process Automation，即机器人自动化工具），可以按照设定的逻辑执行自动操作鼠标、键盘等工作。RPA 具有对企业现有系统影响小、实施周期短、对非技术的企业员工友好等特性，不仅可以模拟人类操作，取代机械重复的基础劳动，更可以利用和融合现有各项技术如规则引擎、光学字符识别（OCR）、语音识别、虚拟助手、高级分析、机器学习及人工智能等前沿技术，实现更复杂、更高级的流程自动化。RPA 能够明显降低劳动成本，显著提高数据准确性及业务的可审计性，并可依据业务需要，快速响应业务需求，正逐步成为企业数字化转型的重要途径。同时 RPA 可通过 24 小时值守的工作模式，将原本空置的非工作时间完全利用起来，优化现有的工作处理模式，进一步减轻日常工作中各个系统的运行压力，提升系统综合应用效率。

目前，RPA 工具主要有两种运行方式：

（1）本机运行，在工作电脑上通过设计器构建 RPA 流程后，利用本机的执行器直接运行。

（2）云端运行，需要使用执行器和中控平台，其中执行器用于运行已经制作完成的流程文件，执行器的运行环境可以是实体化机器也可以是虚拟云主机环境；中控平台用于对全部 RPA 工作过程进行集中监督、控制和管理，如图 7-1 所示。

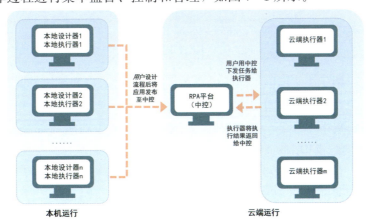

图 7-1 RPA 的两种主要运行方式

---

❶ 根据国家电网有限公司的统一推广与部署，国网天津市电力公司选用的 RPA 工具为 Cyclone RPA，本书的 RPA 介绍特指 Cyclone RPA 产品。

7.1 本机运行

本机运行是 RPA 最基础的运行方式，通过设计器构建 RPA 流程后，利用本机的执行器直接运行。其中，设计器是自动化流程开发的工具，构建的流程为一个文件夹，包含多个项目资源的子文件，通过设计器可将流程发布导出为流程文件（mRPAx 文件）；执行器是流程文件的运行环境，本机运行模式下，设计器与执行器在同一台计算机上。

7.1.1 主界面功能介绍

设计器默认进入的是"开发模式"，该界面主要包括 6 个区域，分别是左侧导航栏、左侧功能栏、顶部菜单栏、流程画布、下部功能栏和右侧属性窗口。如图 7-2 所示。

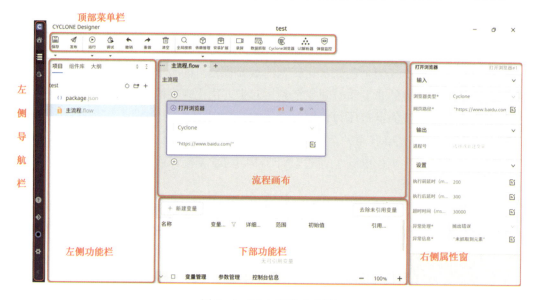

图 7-2 RPA 工具主界面

左侧导航栏：用于快速定位不同流程类别、项目管理入口和系统设置选项等相关内容的区域，方便用户在不同模块间切换，包括首页、设计、调试、快捷键和帮助等功能。

左侧功能栏：集中了项目、组件库和大纲等具体操作功能的部分，辅助用户完成 RPA 流程的各种实际操作。

顶部菜单栏：包括保存、发布、运行、调试、撤销等操作，开发人员可以方便地创建、编辑、运行和调试 RPA 流程。

流程画布：用来创建和编辑 RPA 流程的主要区域，开发人员可以在画布上添加、删除、移动和连接控件，实现 RPA 流程的设计和调试。

下部功能栏：包括变量管理、参数管理和控制台信息三个分页，通过下部功能栏的组合使用，用户可以更加灵活高效地进行 RPA 流程的创建、编辑和管理，满足不同的工作需求和项目任务。

右侧属性窗口：可以显示开发人员当前选中的控件或元素的所有属性。当开发人员在设计流程时，可以通过修改属性来自定义每个控件或元素的行为方式。

7.1.2　构建你的第一个流程

首先进入设计器，开始第一个 RPA 流程的开发。点击【新建流程项目】按钮，输入项目名称，选择项目存放目录后，点击【确认】按钮，如图 7-3 所示。

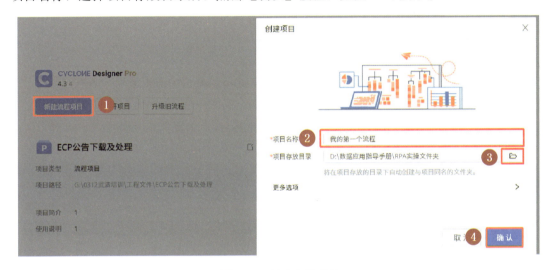

图 7-3　新建流程项目

项目创建完毕后，项目文件夹中将默认生成两个文件：流程入口文件"主流程.flow"以及配置文件"package.json"，如图 7-4 所示。

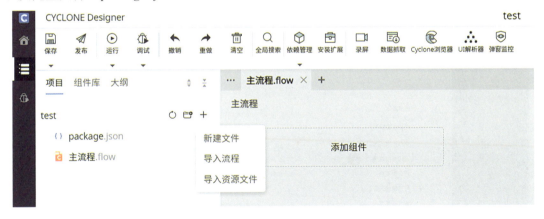

图 7-4　项目文件夹的默认状态

其中最关键的是"主流程.flow"文件，它是整个项目运行的入口，后续在设计流程的过程中，可以将整个业务流程拆分成多个小流程，设计成为独立的流程文件（.flow 文件），并通过在主流程.flow 中引用这些子流程文件，从而分块构建起整个项目的架构逻辑。"package.json"是项目的配置文件，里面可以配置版本、名称、依赖环境等信息。此外，随着后续开发的进行，项目文件夹内还可以包含更多的子流程文件（.flow 文件）、资源文件以及相关代码模块等。

7.1.3 界面自动化应用

界面自动化是自动对软件应用的界面进行识别与定位操作，例如自动化登录、输入、点击、拖拽、选择、验证等。功能组件包括应用和浏览器、鼠标键盘、表格/列表、文本、元素、窗口和高级功能等。

开发人员可以使用设计器中的录制功能来录制界面自动化脚本，也可以手动编写脚本实现复杂的操作。

➤场景示例

（1）每次流程开始前，先尝试关闭 Chrome 浏览器，并以全新状态启动浏览器。

（2）打开 ECP 系统 https：//ecp. sgcc. com. cn/ecp2.0/portal，在公告专栏的关键字查询框中输入"天津"，然后点击查询，获取天津的公告，如图 7-5 所示。

图 7-5　界面自动化应用效果

第一步，关闭应用浏览器：点击⊕按钮新建关闭浏览器的组件，选择【界面自动化】→【应用和浏览器】→【关闭应用程序】，如图 7-6 所示。

图 7-6　配置关闭应用程序组件

第二步，打开浏览器，并访问指定网址：点击⊕按钮添加访问特定网页的 RPA 组件，选择【界面自动化】→【应用和浏览器】→【打开浏览器】。在右侧创建网址变量，设置变量初始值为要访问的网址，如图 7-7 所示。

图 7-7　设置变量初始值

第三步，在指定位置输入文本：点击⊕按钮添加输入文本的 RPA 组件，选择【界面自动化】→【鼠标键盘】→【输入文本】。在右侧【输入文本】中设置输入内容为字符串"天津"作为输入内容；然后点击【捕获元素】，进入【常规捕获模式】，用于在网页上找到正确的输入位置，如图 7-8 所示。

图 7-8　输入文本内容

按住 Ctrl 同时，鼠标左击要输入文本的输入框，确认红框在正确的输入区域，如图 7-9 所示。

图 7-9　确认捕获区域

第四步，点击网页的【查询】按钮执行查询操作： 点击⊕按钮，选择【界面自动化】→【鼠标键盘】→【点击】。点击【捕获元素】，进入【常规捕获模式】，如图 7-10 所示。

图 7-10　添加捕获信息

点击网页中【查询】按钮的位置，按住 Ctrl 同时鼠标左键单击，确认捕获区域正确，如图 7-11 所示。

操作完成后的流程设计与属性设置应当如图 7-12 所示。此时可以点击左上角【运行】按钮，测试 RPA 是否能够正常完成预期操作。

图 7-11　确认捕获区域

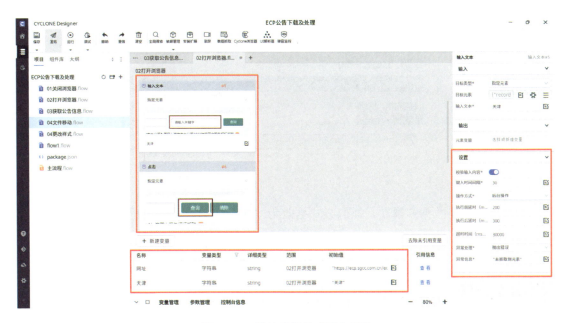

图 7-12　维护控件的变量和属性

小贴士

　　流程运行与预期结果不符时，注意检查右侧属性窗口的设置界面。如：浏览器登录输入账号密码操作，将设置的"操作方式"由"模拟输入"更改为"后台操作"，可避免点击到浏览器中默认保存的账号密码信息的下拉框等错误的位置。

7.1.4　Excel 等常见文件读写

　　获取的数据通常需要保存到本地文件中。RPA 可以自动操作 Excel、PDF、Word 文档等常见的文件，满足数据录入、存储等日常操作需求。在此以 Excel 文件为例，演示 RPA 的基本操作功能。

➢ 场景示例

继续前文案例，在正确获取当前页面所有的公告之后，将获取到的所有公告信息保存到 Excel 表中，文件名为"ECP 公告名称表.xlsx"。其主要操作步骤为：抓取表格数据→打开 Excel→写入 Excel 并保存。

第一步，抓取表格数据：该操作属于界面自动化，为前置操作，目标是获取当前页面所有的公告。

新建一个子流程，点击⊕按钮，选择【界面自动化】→【表格/列表】→【抓取表格数据】。

参考"7.1.3 界面自动化应用"，捕获当前页面第一条公告，如图 7-13 所示。

图 7-13 确认捕获区域

调整抓取表格数据的属性，抓取方式更改为"抓取整张表格"，如图 7-14 所示。

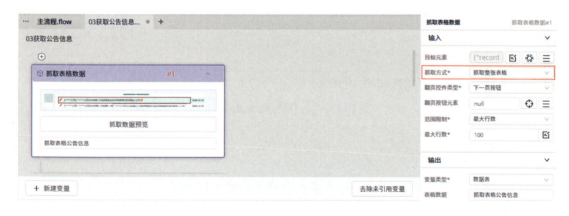

图 7-14 调整抓取表格数据的属性

第二步，打开 Excel：目标为将获取到的所有公告信息保存到 Excel 表中，表名为"ECP 公告名称表"。

点击⊕按钮，选择【应用自动化】→【Excel】→【Excel 应用】→【表格操作】→【打开 Excel 工作簿】。

设置打开 Excel 工作簿的属性，输入中的文件路径选择为本地存放 ECP 公告名称表的路径，输出中的 Excel 文件格式为 Excel，如图 7-15 所示。

图 7-15　编辑控件属性

第三步，写入 Excel 并保存：点击⊕按钮，选择【应用自动化】→【Excel】→【Excel 应用】→【表格读写】→【写入范围数据】。

设置写入范围数据的属性，起始单元格设置为"按单元格名""A1"，待写入数据类型设置为"数据表"，范围数据设置为"抓取表格"的输出变量——"抓取表格公告信息"，如图 7-16 所示。

图 7-16　编辑控件属性

小贴士

在 Excel 工作簿的相关操作结束之后，应及时关闭该工作簿，以释放内存资源，避免文件锁定或冲突等异常情况的发生。

除了 Excel 之外，RPA 工具还自带了 PDF、Word 等文件的处理功能。比如 PDF 常用的提取文本、提取图片、获取页数、合并 PDF、拆分 PDF、PDF 转图片等，这些操作与 Excel 类似，均可在【应用自动化】下面找到对应的功能，读者可以自行尝试。

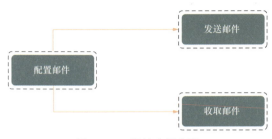

图 7-17　邮件应用步骤

7.1.5　邮件收发操作

在数据获取或处理后，经常会需要将结果发送到指定的邮箱中，因此邮件应用也是 RPA 常见的基础功能。邮件应用主要包括发送邮件和收取邮件，二者均需要先【配置邮件】用来和公司邮件系统建立连接，如图 7-17 所示。

"配置邮件"控件的常见配置如表 7-1 和图 7-18 所示。

表 7-1　　　　　　　　　　　　　　　配置邮件

序号	参数名称	参数值
1	支持发件	是
2	SMTP 服务器	mail. tj. sgcc. com. cn
3	端口号	25
4	传输类型	STARTTLS 加密
5	发件人	填写发件人的邮箱账号，如 "＊＊＊＊@tj. sgcc. com. cn"
6	密码	发件人的邮箱密码
7	支持收件	是
8	POP3 服务器	mail. tj. sgcc. com. cn
9	端口号	110
10	传输类型	TLS 加密
11	收件人	填写收件人的邮箱账号，如 "＊＊＊＊@tj. sgcc. com. cn"
12	密码	填写收件人的邮箱密码
13	输出	输出一个变量，用于"发送邮件"控件输入的 Email 服务对象

"发送邮件"控件的常见配置，如表 7-2 和图 7-19 所示。

表 7-2　　　　　　　　　　　　　　　发送邮件参数

序号	参数名称	参数值
1	收件人	填写收件人的邮箱账号
2	抄送	填写抄送人的邮箱账号
3	主题	根据流程需求进行相应的编辑
4	邮件内容	根据流程需求进行相应的编辑
5	附件路径	点击"添加元素"可以选择需要发送的附件
6	发送结果	设置一个变量，可以在后续步骤中进行输出变量内容，用于检测邮件是否发送成功

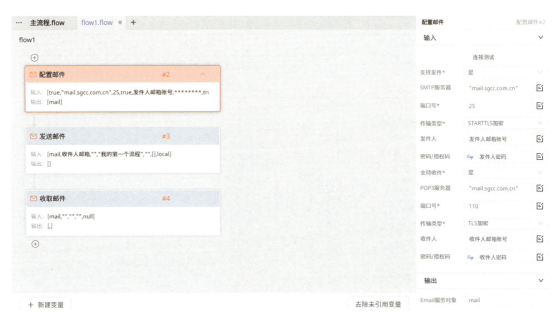

图 7-18　配置邮件参数

图 7-19　发送邮件参数

收取邮件的参数信息与发送邮件参数信息设置操作类似，可根据流程需求进行相应的编辑和配置，如表 7-3 和图 7-20 所示。

表 7-3　　　　　　　　　　　　　　　收取邮件参数

序号	参数名称	参数值
1	Email 服务对象	mail
2	邮件保存目录	根据流程需求进行相应的编辑
3	检索主题	根据流程需求进行相应的编辑
4	检索内容	根据流程需求进行相应的编辑

序号	参数名称	参数值
5	检索开始时间	根据流程需求进行相应的编辑
6	超时时间	根据流程需求进行相应的编辑

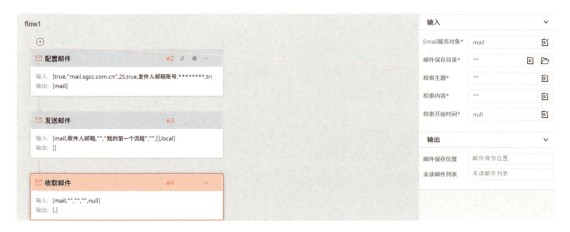

图 7-20　收取邮件

7.1.6　RPA 进阶开发应用

RPA 设计器中逻辑组件包括条件判断、循环、异常处理和执行调用等。

7.1.6.1　逻辑判断与循环

常用循环判断流程图如表 7-4 所示，具体为 if 条件判断、for 循环和 while 循环。

表 7-4　　　　　　　　　　　　　　常用循环判断流程图

序号	逻辑名称	流程图
1	if 条件判断	如果条件为false　条件 → 条件为true → 条件代码
2	for 循环	如果系列中没有元素　系列中的元素 → 代码块 statement(s)
3	while 循环	条件为false　condition → 条件为true → 代码块 statement(s)

　　if 是条件判断控件，一般用在程序的运行过程中，根据设定的条件进行判断，如果条件成立，则执行相应的代码块；否则，跳过这些代码块或者执行其他预设的操作。

　　for 是计次循环控件，一般用于已知循环次数的逻辑操作，参数部分可用变量代替，且变量类型只能是数字，也可用数组遍历、对象遍历等方式实现类似效果。

　　while 是循环控件，一般用于重复执行一段代码，直到条件不再满足，条件是一个布尔表达式 True 和 False。如果为 True，则执行循环体中的控件；如果为 False，则跳过，继续执行循环体后面的控件。while 循环内部可配合使用 if 判断控件、break 控件和 continue 控件使用，if 判断控件用于添加流程条件；break 控件用于提前结束循环，跳出整个 while 循环；continue 控件用于跳过当前循环体中剩余的代码，直接开始下一轮的循环。如图 7 - 21 和图 7 - 22 所示。

　　for 计次循环和 while 循环判断示例。

图 7 - 21　for 计次循环判断示例

7.1.6.2　数组遍历应用

　　数组遍历是指对列表中的每一项逐项处理，在 Excel、Word、PDF 等应用中极为常见，比如 Excel 表格可以逐行处理、Word 需要逐段处理等，并可以在此基础上构建更复杂的 RPA 业务逻辑。

　　以读取 Excel 公告名称列中每条招标公告名称为例，其主要操作步骤为：读取 Excel 中行列数据→遍历读取到的 excel 数据。

　　第一步，读取 Excel 中行列数据：该操作为前置操作，目标是获取招标公告名称。

　　点击⊕按钮，选择【Excel】→【Excel 应用】→【表格读写】→【读取行列数据】。

　　调整读取行列数据的属性，指定列号和起始位置，选择行/列更改为"列"，列号更改为"A"，起始位置更改为"2"，读取选项更改为"显示值"等，如图 7 - 23 所示。

　　当前操作：通过数组遍历每一条公告信息。

图 7 - 22　while 循环判断示例

图 7 - 23　编辑控件属性

第二步，遍历读取到的 excel 数据：点击⊕按钮，选择【逻辑组件】→【循环】→【数组遍历】。

将取出的公告信息进行数组遍历，并双击进入数组遍历节点，如图 7 - 24 所示。

图 7 - 24 编辑控件属性

 小贴士

在数组遍历中再次使用数组遍历的控件时，元素下标和数组元素的变量名应该避免重复，否则会导致程序运行异常。

7.1.6.3 数据处理应用

RPA 设计器中数据处理应用包括变量处理、字符串处理、数据表处理、高性能数据表格、数学运算、日期时间、数组处理和对象处理等。

➤ 场景示例

对招标公告的详细信息进行截图，保存至"输出文件"目录。文件格式命名为"1_公告标题"，例如"1_【＊＊＊＊＊＊公司】＊＊＊＊＊＊公司 2022 年第五次电网工程及服务公开招标采购推荐的中标候选人公示"。其操作步骤为：在数组遍历中修改字符串内容→数字运算→转换变量类型为字符串格式→将多个字符串进行拼接，形成最终文件名和保存路径→点击指定位置→截图→点击指定位置。

第一步，在数组遍历中修改字符串内容：点击⊕按钮，选择【数据处理】→【字符串处理】→【字符串去空格】。

添加字符串去空格属性，如图 7-25 所示。

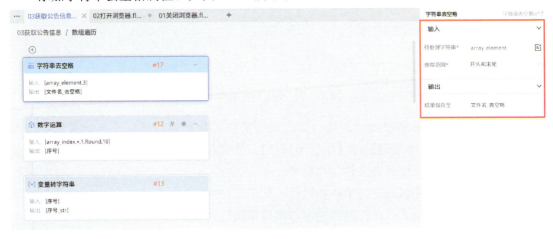

图 7 - 25 编辑控件属性

第二步，数字运算：点击⊕按钮，选择【数据处理】→【数学运算】→【数字运算】。维护数字运算的属性。数字1代表原数字，数字2代表增加的值，如图7-26所示。

图7-26　编辑控件属性

第三步，转换变量类型为字符串格式：点击⊕按钮，选择【数据处理】→【变量处理】→【变量转字符串】。维护变量字符串属性，这部分的作用是把数字类型的"序号"变量转换为字符串类型的"序号"变量，如图7-27所示。

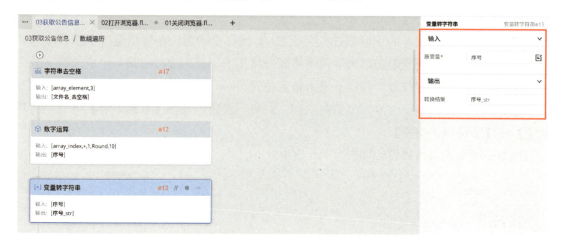

图7-27　编辑控件属性

第四步，将多个字符串进行拼接，形成最终文件名和保存路径：点击⊕按钮，选择【数据处理】→【字符串处理】→【字符串拼接】。分别新建两个字符串拼接，一个用作拼接文件名，一个用作拼接截图文件保存路径。

维护用作拼接文件名的字符串拼接属性，如图7-28所示。

维护用作拼接截图文件保存路径的字符串拼接属性，如图7-29所示。

第五步，点击指定位置：使用点击捕获任意一条公告，参考"7.1.3 界面自动化应

图 7 - 28　编辑控件属性

图 7 - 29　编辑控件属性

用", 点击捕获流程中 UI 解析器参数信息更改部分。具体操作: 使用"点击"捕获页面中的某一条公告。在右侧属性栏打开元素选择器, 点击"在 UI 解析器中查看"。在 UI 解析器中找到 innerText 的属性项, 清空其属性值, 在"引用变量"中引用 array element, 点击【保存】。按循环规则依次点击所有公告。

第六步, 截图: 截图获取公告详情页的图片。点击⊕按钮, 选择【界面自动化】→【元素】→【元素截图】。维护元素截图属性, 选择截图保存路径和截取范围, 如图 7 - 30所示。

第七步, 点击指定位置: 点击浏览器关闭页签, 确保每次都能回到公告列表首页, 如图 7 - 31 所示。

图 7 - 30　编辑控件属性

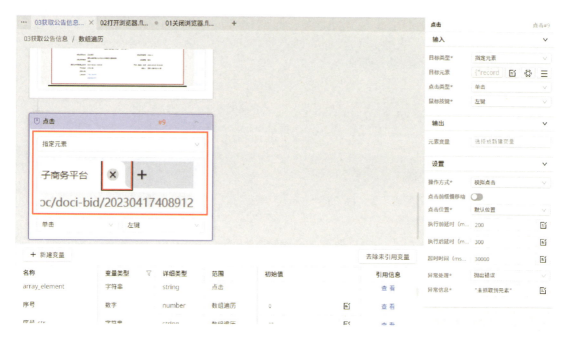

图 7 - 31　编辑控件属性

7.1.6.4　网页 UI 解析器

前文在使用"点击"或"输入文本"等界面自动化控件时会需要捕获对应的控件，但部分网页的控件可能难以正常捕获，需要借助网页 UI 解析的更高级方式实现。

1. UI 解析器参数信息更改

具体操作：使用"点击"捕获页面中的某一条公告。在右侧属性栏打开元素选择器，如图 7 - 32 所示。

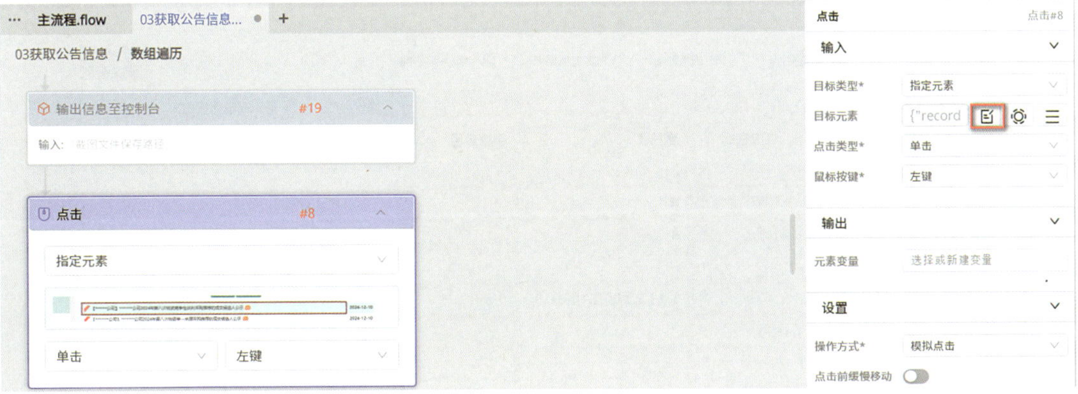

图 7 - 32　打开元素选择器

点击【在 UI 解析器中查看】，如图 7 - 33 所示。

图 7 - 33　元素选择器界面

在 UI 解析器中找到 innerText 的属性项，清空其属性值，在"引用变量"中引用 array element，点击【保存】。该操作可按循环规则依次点击所有公告，如图 7 - 34 所示。

2. UI 解析器参数信息对比

在 UI 解析器中使用属性对比，对比相同类型的元素，可以点击和抓取不同位置的同一类型元素，如图 7 - 35 所示。

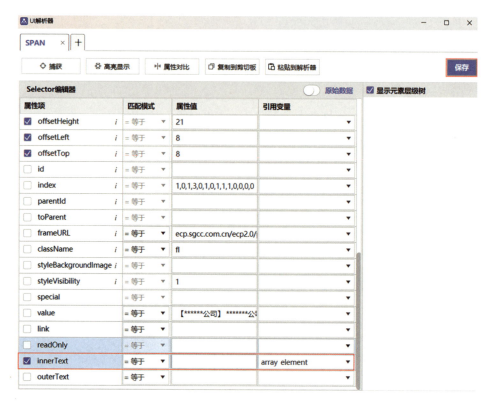

图 7-34　UI 解析器界面

图 7-35　属性对比

常用 UI 解析器参数信息说明如表 7-5 所示。

表 7 - 5　　　　　　　　　　　常用 UI 解析器参数信息说明

序号	属性分类	常用属性项	属性值含义
1	窗口属性	name	所捕获元素目标的窗口标题
2	元素属性	offsetWidth	所捕获元素目标的宽度
3		offsetHeight	所捕获元素目标的高度
4		offsetLeft	所捕获元素目标可见内容到最左侧的距离
5		offsetTop	所捕获元素目标可见内容到最顶端的距离
6		index	所捕获元素在界面中的具体编号
7		innerText	所捕获的当前元素的文本内容
8		outerText	所捕获的当前元素及其子元素的文本内容

7.1.6.5　文件夹条件遍历操作

日常工作中通常需要将文件保存到特定文件夹下面，因此文件夹的创建、访问、移动等操作也需要熟练掌握。本部分综合应用 RPA 基础开发和进阶开发知识完成文件夹条件遍历操作。

➢ 场景示例

在"输入文件"文件夹下创建"公告详情"文件夹，将"输入文件"目录下的所有公告详情的截图移动到"输入文件＼公告详情"目录下。其操作步骤为：创建文件夹→获取文件→遍历获取到的文件→在数组遍历中修改字符串内容→逻辑判断→移动文件。

第一步，创建文件夹：新建"文件移动 .flow"子流程。点击⊕按钮添加创建文件夹的控件，选择【文件处理】→【文件夹】→【创建文件夹】。

在创建文件夹属性栏输入文件夹路径，这里输入的是文件夹的创建位置，如图 7 - 36 所示。

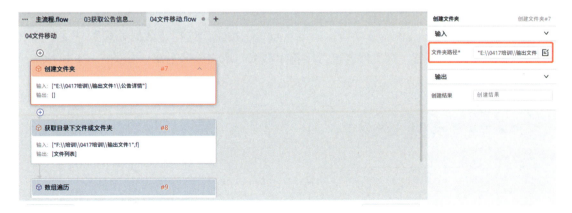

图 7 - 36　编辑控件属性

第二步，读取指定文件夹内的全部文件：点击⊕按钮添加读取文件夹的控件，选择【文件处理】→【文件夹】→【获取目录下文件或文件夹】。

在右侧属性中，输入【文件夹路径】为需要读取的文件夹地址；【选择类型】为"文件"，表示只需要读取其中的文件，而不是文件夹等其他内容，如图 7 - 37 所示。

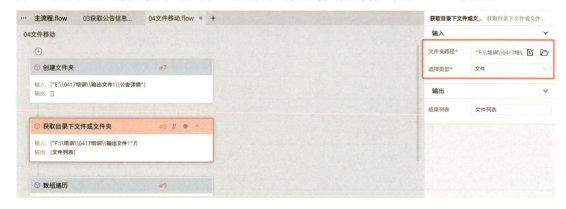

图 7 - 37　编辑控件属性

第三步，遍历获取到的文件：对获取到的文件列表进行数组遍历，并双击进入数组遍历节点，如图 7 - 38 所示。

图 7 - 38　遍历获取到的文件

第四步，在数组遍历中修改字符串内容：点击⊕按钮，选择【数据处理】→【字符串处理】→【字符串截取】。对文件名进行字符串截取，取文件名后缀，如图 7 - 39 所示。

图 7 - 39　编辑控件属性

第五步，逻辑判断： 点击⊕按钮，选择【逻辑组件】→【条件判断】→【If 条件判断】。if 条件判断的条件表达式为"文件名后缀＝jpg"，如图 7-40 所示。

图 7-40　编辑控件属性

第六步，移动文件： 点击⊕按钮，选择【文件处理】→【通用文件】→【移动文件到指定目录】。

如果"文件名后缀＝jpg"，将目标文件移动至"公告详情"新目录下，如图 7-41 所示。

图 7-41　编辑控件属性

小贴士

　　转义字符是用来表示一些特殊功能符号的方法。比如双引号 " 默认用于表示字符串的开头和结尾，想要将其视为文本的引号需要写成\ " 的形式；还可以用 \r\n 表示回车换行等。例如 C:\ users\ a. txt 应写为 C:\\ users \\ atxt; say" hello" 应写为 say\ "hello\"。转义字符通常由反斜杠\开头，并拥有固定的搭配方式。常见的转义字符如表 7-6 所示。

表 7 - 6   常见的字符串转义字符

序号	目标文本	转义文本
1	引号 "	\ "
2	反斜杠 \	\ \
3	换行	\ r \ n

7.1.6.6 异常处理

TryCatch 控件在 RPA 中主要用于错误处理，确保机器人流程能够在遇到错误时继续执行而不中断。TryCatch 控件通常包含三个模块，分别为 try 块、catch 块和 finally 块，如表 7 - 7 所示。

表 7 - 7   **TryCatch 控件的三个模块**

序号	模块名称	模块功能
1	try 块	用于放置可能抛出异常的控件
2	catch 块	用于处理 try 块中抛出的异常
3	finally 块	包含必须执行的清理代码，无论是否发生异常都会执行

主要使用场景如下：

1. 处理文件操作错误

RPA 经常需要读取、写入或删除文件。如果遇到文件不存在、权限不足或文件已被其他进程锁定等情况，可以通过 TryCatch 结构来处理这些异常，确保程序能够继续执行而非直接崩溃，如图 7 - 42 所示。

图 7 - 42 处理文件异常

2. 网络通信错误处理

RPA 机器人在执行网络操作时，如下载文件、发送邮件或访问网页，可能会遇到网络错误，如服务器无法响应、URL 无法解析等。这时，TryCatch 可以帮助捕获这些异常，并决定是否重试或如何处理这些错误，如图 7 - 43 所示。

图 7 - 43 网络通信错误处理

3. 用户输入验证

如果 RPA 机器人依赖用户输入（如日期、文件路径等），TryCatch 可以用来处理因用户输入错误而导致的异常，如输入格式不正确或引用的文件不存在，如图 7 - 44 所示。

图 7 - 44 用户输入验证

4. 界面跳转或弹窗

在进行网页操作发生界面跳转或者出现不固定弹窗时，导致流程中控件响应时间过长而报错或者没有相应的控件去执行弹窗中的操作。TryCatch 就可以捕获这些异常，然后继续执行后续的操作，如图 7 - 45 所示。

图 7 - 45　界面跳转或弹窗

7.2　云　端　运　行

RPA 流程在本机开发完成后，如果要给其他人使用，可以上传到云端的 RPA 应用平台。RPA 应用平台为国家电网有限公司统一推广、各省公司二级部署的 RPA 应用管理平台。平台支持 RPA 应用从需求提报、设计开发、审核验收到上线运行的全流程管理，并可实现 RPA 流程设计与应用运行的云化管理。

7.2.1　产品发布流程

在 RPA 平台发布自己的 RPA 流程文件，主要包括需求创建、流程开发、流程上传、需求验收、应用执行和定时策略等步骤。

根据平台的业务流程架构，从场景需求到应用执行，业务流程概述如表 7-8 所示。

表 7 - 8　　　　　　　　　　　　　产品发布业务流程

序号	步骤	执行人	备注
1	需求创建	企业员工	
2	需求审批、评估及设计器分配	管理人员	设计器随机分配
3	流程开发	开发人员	可将本地文件上传后云端修改
4	流程上传	开发人员	
5	对已完工流程进行审核	管理人员	
6	需求验收，通过后生成应用	企业员工	生成应用后可执行或共享

业务流程架构如图 7-46 所示。

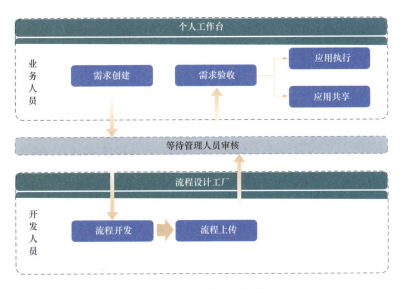

图 7 - 46　业务流程架构

 小贴士

企业员工和开发人员可以是同一用户。

7.2.1.1　在线 RPA 登录地址

在线 RPA 登录地址为 http：//25.34.62.116：30080/。

7.2.1.2　需求创建

企业员工可在该页面新增需求，其操作步骤为：进入需求创建页面→需求提交→等待审核。

第一步，进入需求创建页面：选择【个人工作台】→【需求管理】→【需求提报】，需求提报页面点击【新建需求】按钮，进入需求创建页面，如图 7 - 47 所示。

图 7 - 47　进入需求创建页面

第二步，需求提交：进入需求创建页面。需求编辑完成后，点击页面右侧【提交】按钮完成需求提交，如图 7 - 48 所示。

图 7-48　需求提交

第三步，等待审核：需求提交后，等待管理人员审核。需求提交后，可通过线下方式反馈业务支持人员（电话、邮件、微信群等），以及时完成相关审批操作。

7.2.1.3　流程开发

该项工作由开发人员完成，管理人员审核完成工单后，开发人员进行流程开发。

选择【流程设计工厂】→【工单管理】→【设计工单】，进入设计工单列表。在设计工单列表中找到待处理的设计工单，点击右侧"打开设计器"可远程调用设计器服务器，进行流程开发，如图 7-49 所示。

图 7-49　流程开发

小贴士

　　打开设计器调用远程桌面时，建议将远程桌面分辨率调整为 1280×1024，该分辨率与 RPA 平台云端执行器的分辨率一致，能更好地保证程序的稳定性及应用体验。然后按 F11 键，全屏运行浏览器。开发完成后按 F11 键，退出浏览器全屏，再关闭远程桌面。

7.2.1.4　流程上传

　　开发人员依据工单需求完成开发后，在该页面执行流程上传操作。其操作步骤为：处理工单→流程交付。

　　第一步，处理工单：选择【流程设计工厂】→【工单管理】→【设计工单】，进入设计工单列表。如流程已开发完成，点击【修改】，如图 7 - 50 所示。

图 7 - 50　处理工单

　　第二步，流程交付：进入工单处理页面，输入流程开发、流程执行相关信息并上传流程文件，点击右侧【提交】按钮完成流程交付，如图 7 - 51 所示。

图 7 - 51　流程交付

小贴士

由于流程文件发布是在远程虚拟机，而上传流程文件需要在本地登录平台，上传流程文件只能选择本地文件，故流程文件需通过"邮件"方式下载到本地。

7.2.1.5 需求验收

管理人员对工单完成审核后，由企业员工在该页面进行需求验收。其操作步骤为：进入待验收需求列表→需求验收→完成验收。

第一步，进入待验收需求列表：选择【个人工作台】→【需求管理】→【需求验收】→【待验收】，进入待验收需求列表。

第二步，需求验收：在待验收需求列表中找到待审核的需求，点击右侧【验收】按钮，可进入需求验收页面，如图 7-52 所示。

图 7-52 需求验收

第三步，完成验收：进入需求验收页面，点选"通过"，输入审核意见，点击右侧【提交】即可完成需求验收，如图 7-53 所示。

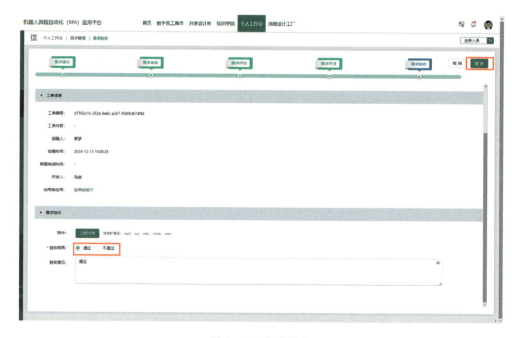

图 7-53 完成验收

小贴士

需求验收页面中"工单信息"项中提供"应用试运行"功能，企业员工可通过试运行该 RPA 场景，根据场景运行结果，判定验收是否通过。

7.2.2 应用执行

应用执行是指 RPA 流程在云端环境中的运行。包括手动执行（立即执行）与定时执行两种。

7.2.2.1 手动执行

该项工作由企业员工完成，可执行本人名下的应用。

选择【个人工作台】→【应用管理】→【我的应用】→【我的个人应用】，找到需要执行的应用，点击【立即执行】，如图 7-54 所示。

图 7-54 应用执行

7.2.2.2 定时执行

该项工作由企业员工完成，企业员工可根据业务需要，对相关应用进行定时策略配置。其操作步骤为：新建任务→编辑并保存任务，具体操作步骤如下：

第一步，新建任务：选择【个人工作台】→【应用管理】→【任务计划设置】，点击右侧【新建】按钮，进入定时策略配置界面，如图 7-55 所示。

第二步，编辑并保存任务：编辑任务计划，维护基本信息和时间设置，编辑任务计划基本信息如图 7-56 所示。

编辑任务计划时间信息如图 7-57 所示。

图 7-55　新建任务

图 7-56　编辑任务计划基本信息

图 7-57　编辑任务计划时间信息

7.2.3　应用更新

当某应用所对应的业务流程有调整，RPA 应用场景需要更新时，需启动应用更新流程。应用更新流程需企业员工与开发人员共同参与即可，具体流程如图 7-58 所示。

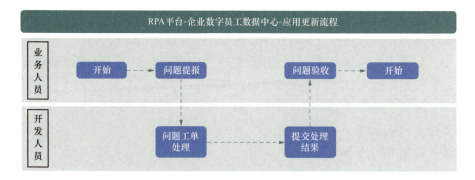

图 7-58　应用更新流程

小贴士

企业员工和开发人员可以是同一用户。

7.2.3.1　问题提报

该项工作由企业员工发起。其操作步骤为：进入问题填报页面→编辑并提交问题。

第一步，进入问题填报页面：选择【个人工作台】→【问题工单】→【问题提报】，进入问题提报界面后，点击右侧【问题反馈】进入问题填报页面，如图 7-59 所示。

图 7-59　进入问题填报页面

第二步，编辑并提交问题：进入问题填报页面，输入问题名称，点击需要关联的应用，编写需解决问题的需求描述，并可根据需要上传附件（如详细的需求说明书、流程变更等），填报完成后点击【提交】按钮，完成问题提报，如图 7-60 所示。

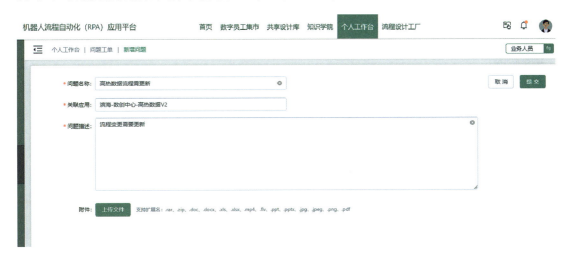

图 7-60　编辑并提交问题

7.2.3.2　问题工单处理

该项工作由开发人员发起。其操作步骤为：进入虚拟机服务器→选择设计器→流程设计。

第一步，进入虚拟机服务器：选择【流程设计工厂】→【工单管理】→【问题工单】。

如开发人员初次处理该工单，需点击【申请设计器】，如图 7-61 所示。

图 7-61　进入虚拟机服务器

图 7-62　选择设计器

第二步，选择设计器：点击下拉框选择相应设计器，如图 7-62 所示。

第三步，流程设计：选择设计器后，方可通过【打开设计器】功能，进入设计器所在的虚拟机服务器，进行流程设计等操作，如图 7-63 所示。

图 7-63　流程设计

7.2.3.3　提交处理结果

该项工作由开发人员发起。其操作步骤为：下载流程文件→处理问题工单→完成问题工单处理。

第一步，下载流程文件：将流程进行重新设计并完成发布后，通过邮件传输的方式，将流程文件下载至本地。

第二步，处理问题工单：通过点击问题工单的【处理】按钮，进入"问题工单处理"界面，填写处理意见，选择是否发布新版本。如问题处理不涉及 RPA 流程更新，可选择"否"；如问题处理已涉及 RPA 流程更新，需选择"是"，如图 7-64 所示。

第三步，完成问题工单处理：若设计流程更新，需完成上传流程文件、填写版本号、选择厂商及流程执行队列、补充操作说明等操作。新版本信息填写后，点击【提交】按钮，完成问题工单处理，如图 7-65 所示。

器人流程自动化（RPA）应用平台　　　　首页　数字员工集市　共享设计库　知识学院　个人工作台　流程设计工厂

流程设计工厂　｜　工单管理　｜　问题工单处理

问题反馈　　　　　　　　　　　　　　　　　　　　　　　　问题处理

▼　问题工单基本信息

问题工单标题：　高热数据流程需更新

关联应用：　滨海-数创中心-高热数据V2

工单描述：　流程变更需要更新

附件信息：　-

状态：　● 待处理

▼　问题处理

* 处理意见：　同意

* 是否发布新版本：　○ 是　　○ 否

图 7 - 64　处理问题工单

人流程自动化（RPA）应用平台　　　　首页　数字员工集市　共享设计库　知识学院　个人工作台　流程设计工厂

流程设计工厂　｜　工单管理　｜　问题工单处理

▼　新版本发布

* 流程文件：　上传文件

　　　　　　　🔗 每日高热...

　　　　　　　支持扩展名：.rar、.zip、.mrpa、.mrpax、.erpa、.erpax、.pwo、.bot、.dgs、.py

其他附件：　上传文件　支持扩展名：.rar、.zip、.doc、.docx、.xls、.xlsx、.mp4、.flv、.ppt、.pptx、.jpg、.jpeg、.png、.pdf

当前版本：1.0.0

* 流程包版本：　[1]　.　[0]　.　[1]

* 设计器厂商：　弘玑

* 队列：　基层创新-25.34.84.168

* 操作说明：　高热数据流程已更新

运行参数：　添加参数

参数名称	参数类型	默认值	备注	操作

图 7 - 65　完成问题工单处理

7.2.3.4　问题验收

开发人员处理完成问题工单后，由企业员工完成问题验收操作。选择【个人工作台】→【问题工单】→【问题验收】，点击【验收】按钮，进入"问题验收"界面。如涉及新版本发布，可在问题验收界面进行流程试运行；如不涉及新版本，可直接选择验收结果，填入验收意见，点击【提交】按钮，完成验收，如图 7-66 所示。

图 7-66　问题验收

7.2.4　使用数字员工集市中已发布的产品

依次点击【个人工作台】→【我的应用】→【应用共享】，找到需要申请共享的应用，点击【申请共享】，如图 7-67 所示。

图 7-67　申请共享

根据实际业务需求填写以下内容，确认无误后点击右上角【提交】按钮，如图 7-68 所示。

返回上一页面，该应用状态已变为"共享申请（审核中）"，由管理员进行审核，如图 7-69 所示。

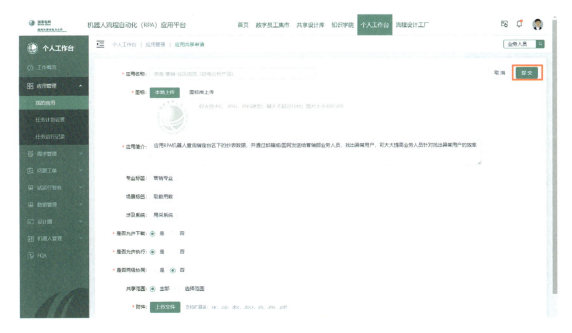

图 7-68　点击提交

图 7-69　等待审核

审核通过后，变为"取消共享"，即该应用已完成共享申请，如图 7-70 所示。

图 7-70　完成共享

7.2.5　云端运行常见问题与解决经验

执行器用来运行已经制作完成的流程，可以由企业员工手动启动，也可以由中控（RPA 平台）下发任务，且支持定时任务策略。

国网天津市电力公司的 RPA 执行器为云端部署，已与 RPA 平台对接，为企业员工提供应用流程的执行。每个 RPA 应用上线前均会分配相应执行器。

1. 流程运行时长异常情况处理

运行定时任务或手动触发已上线的应用，若出现流程运行时长远小于实际运行时长的情况，应查看设计器中该应用是否在流程结尾关闭了在流程运行时所打开的各种应用的进程。如已完成此项操作，则联系平台管理员查看服务器是否处于断开连接的状态。

2. 流程运行结果不符情况处理

运行应用时，发现流程运行成功而流程运行结果与实际结果不同，应查看在运行流程时选择的流程版本号是否是最新的版本，默认是上次运行时所选的版本号。

3. 云平台发布后流程运行失败情况处理

发现流程在云平台设计器或者本地设计器都可以运行成功，但是发布到云平台后运行流程显示流程运行失败，应查看自己的本地或云平台设计器的分辨率，然后联系平台管理员，确认执行器的分辨率是否与设计器的一致。

本 章 小 结

　　本章由浅入深地介绍了 RPA 工具的基本用法，帮助读者掌握鼠标键盘自动化操作、获取网页信息、解析 Excel 等常见文件等核心功能，熟知按照复杂逻辑实现高级自动化操作的方式，具备将开发完成的 RPA 流程产品发布到云平台的能力，并能够按需调用平台已发布的 RPA 产品。希望读者在日常工作中熟练使用 RPA 工具，提高工作效率，降低重复劳动强度，并鼓励尝试与其他章节的知识和工具组合使用，打造出更加强大有效的数字化解决方案。

练一练

　　习题 1：利用 RPA 将公司门户最近一周的公告保存到本地 Excel 文件中。

　　登录门户首页，找到公告页面，并获取最近一周的公告，将公告标题、日期、网址等信息写入本地 Excel 文件中。需要添加翻页操作、网页加载异常重试等必要的功能。

　　习题 2：利用 RPA 实现多个 Excel 内容的合并。

　　现有三个人发来的班组员工报名表（共三个文件，每个文件都是在相同模板上新增了若干行）。请尝试用 RPA 找到正确路径，并读取这些文件，合并这三个 Excel 文件的内容到一个 Excel 结果表中，并按员工编号从小到大排序。

　　习题 3：利用 RPA 自动检查营销系统的低压业扩工单超期、临期情况，并将超期临期的明细发邮件给企业员工。

　　配置正确的网址、用户名、密码等基础信息，登录营销 2.0 系统，通过左侧菜单栏定位到低压业扩工单的页面，判断低压业扩工单的超期临期情况。临期标准为到期前 3 天（含 3 天）。将工单涉及的表格信息原样写到本地 Excel 文件中，并将这个 Excel 文件重命名为"今天日期 _ 超期临期工单 . xlsx"，作为邮件的附件，发给其他员工（作为练习，可以设定为本人）的邮箱。需要在 RPA 流程中实现网页加载异常重试、文件写入失败重新处理等必要的功能。

第8章

可视化工具应用

数据可视化作为直观展示业务数据运营动态、工作成效的重要途径，利用柱状图、饼形图、折线图等图表，对结构化数据进行直观呈现，适用于各单位展示大厅、监控大屏等应用场所。

国网天津市电力公司面向基层单位提供的可视化工具是一款基于网页端（B/S 架构）的专业可视化编辑工具，具备强大的渲染和编辑能力，可以自由进行业务场景的搭建，进行全面开发拓展。通过易上手的低代码开发模式，简化可视化场景的开发过程，让使用者轻松完成监控大屏、监测看板的搭建。同时凭借强大的渲染技术，实现 3D 场景的渲染输出，将文本、数字等枯燥的信息通过图形化方式立体展现。

用户通过电力系统内网进入可视化开发工具后即可开展可视化场景开发。基于数据中台探索区，围绕业务监测展示需求，构建数据表，自主准备数据。用户可根据业务设计原型图，应用可视化开发工具中的标准化组件，完成场景内容开发及图表数据绑定工作；多个场景开发完成后，用户可根据场景业务监测、展示需求，进行场景自由组合，形成一套完整的应用场景并发布。后续根据监测展示需求，在相应的大屏和内网机进行调阅。具体流程如图 8-1 所示。

图 8-1　可视化场景开发流程

8.1　数　据　准　备

在正式开始可视化场景开发前，需要完成场景展示数据的准备工作。数据准备工作主要分为两步，分别是建数据表和配置数据源。

8.1.1 建数据表

参照数据处理中的数据存储环节，即 3.2 章节，在可视化场景开发前，在数据中台探索区中按照业务监测展示需求完成数据表创建操作，数据表创建应遵循一个展示图表对应一张数据表的原则，实现数据表与图表一一对应。数据表可以使用结果表和视图两种形式，使用视图由于需要每次重新检索数据库会导致看板加载速度缓慢，但能够保证使用的是实时数据；而使用结果表由于已经将检索结果存入表中会使看板加载速度提升，但会带来一定的数据延迟，因此需要搭配数据定时刷新同步使用。

8.1.2 配置数据源

可视化场景以数据为驱动，数据源配置是可视化场景开发的基础。可视化工具数据源配置功能支持添加包含离线文件、WebAPI 接口、MySQL 数据库、Oracle 数据库、SQL Server 数据库、PostgreSQL 数据库和 DAYU 数据服务在内的七种数据类型。

以添加 MySQL 数据源为例，具体操作步骤如下：

第一步，编辑数据源：点击数据管理→数据源页签，点击【添加数据源】按钮，进入编辑数据源功能菜单。数据源类型选项选择 MySQL，填写数据源名称、url、用户名以及密码等信息。

第二步，数据源分组：根据场景业务分类，为所配置的数据源创建并选择数据分组。

第三步，数据源连通测试：输入该数据源下的 SQL 查询语句，进行连通测试，当文本框中出现对应 SQL 语句的查询结果，说明数据源连接正常，点击【添加数据源】按钮进行保存，方便后续调用。

 小贴士

url：格式为"协议://ip:端口/数据库名"，示例如下：

"jdbc:mysql://10.10.10.66:13306/ksh—cs"

 8.2 创 建 项 目

创建项目是指在可视化平台中根据实际业务需求创建场景，并根据业务分类将场景归纳到相应工程文件夹下，便于后续多场景的管理和查找。

8.2.1 设定项目名称和分辨率

根据 PC 端和大屏端的不同展示需求，分辨率各不相同，创建指定分辨率项目是可视化场景开发的基础环节。其操作步骤为：登录可视化工具→左侧工程列表→在对应工程文件夹下可新建相应项目→设置相应的项目名称和分辨率→点击【确定】按钮完成项目创建。

> **小贴士**
>
> 可视化工具为确保场景流畅展示，规定场景长、宽分辨率最大为 6000 像素，若展示需求超出最大分辨率设定，可对分辨率进行等比例缩放。

8.2.2　编辑面板构成

完成项目创建后，进入项目编辑页面步骤如下：鼠标悬浮至新创建的项目→点击【编辑】按钮→进入项目编辑面板，开始可视化场景开发工作。

项目编辑面板由大纲、概要、画布、组件库、属性面板五大部分组成，项目编辑面板如图 8 - 2 所示。

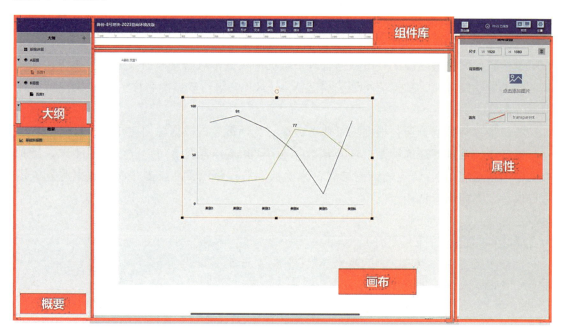

图 8 - 2　项目编辑面板

大纲：大纲位于编辑面板左上方，大纲的层级分为系统 UI 层、层级以及页面，大纲中明确了用户当前所搭建的项目的结构，同时还可通过大纲来进行场景层及 UI 层之间的切换。

概要：概要位于编辑面板左下方，当页面处于 UI 层/场景层时，概要中会显示当前页面下所有的组件。可在此区域内对组件进行复制、粘贴、置顶、置底、打包、组合等操作。

组件库：组件库位于编辑面板正上方，分为 2D 组件库和 3D 组件库，通过在大纲中切换页面下的"UI 层"和"场景层"，来切换组件库。2D 组件库单击组件库中的内容可以在视窗中央生成相应组件，拖拽组件库中的内容可以拖拽到任一需要的位置，3D 组件库点击组件内容可直接添加至场景层中。2D 组件库包括图表、形状、文本、装饰、按钮、媒体、控件、组件包等；3D 组件库包括场景、模型、标记、连线、交互组件等。

画布：画布位于编辑面板正中央，所有添加的组件都将展示在画布中，用户可以使用鼠标来对画布中的 2D/3D 组件进行一系列操作，画布支持修改大小和显示比例。

属性：属性面板位于编辑面板右侧，根据组件类型进行变化，分为基础设置、数据、联动设置和动效设置四个类型。

在右上方设置按钮处可进行项目的全局设置，可选择 2D 或 3D 模式，2D 模式下场景不包含 3D 资源，可以使场景页面加载更迅速。

8.3　场　景　开　发

场景开发分为场景规划、二维组件开发、三维组件开发三部分。场景规划是指场景开发前，对场景整体展示布局及风格样式进行合理规划；UI 层开发主要指场景中二维组件的开发，包含描述性内容、图表、图片等内容；场景层开发主要指场景中三维模型的开发，包含地图、标记等内容。

8.3.1　场景规划

场景规划是按照监测、展示需求，对场景内容进行合理的规划布局，使场景监测、展示内容逻辑清晰、布局合理。具体操作步骤如下：

第一步，布局规划：展示场景布局应具有清晰的视觉层次，结构外观让用户感到和谐舒适，从而帮助用户快速找到需要的信息。布局一般分为主要信息、次要信息和辅助信息三个层次。主要信息反映核心数据，其展示内容包含一屏中最重要、最需要突显的信息内容；次要信息用于进一步阐述分析；辅助信息主要用来辅助主要及次级信息。常见布局样例如图 8-3 所示。

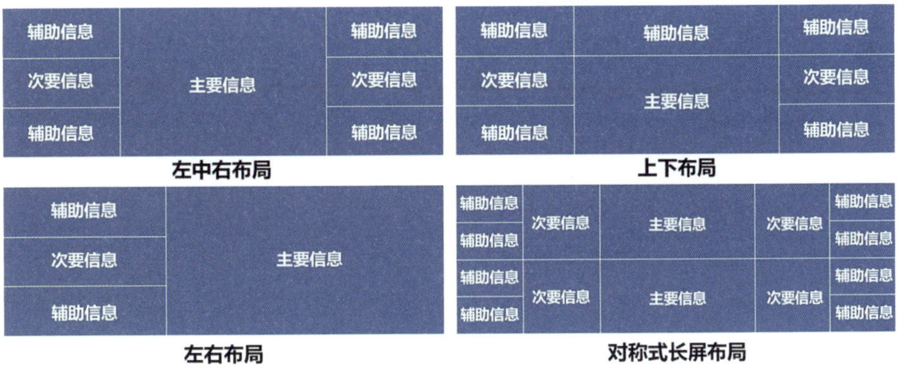

图 8-3　常见布局样例

第二步，色彩规划：场景配色风格可参照相关大屏场景设计规范，满足相应的布局、配色、字体、字号以及图表等内容的使用要求。

8.3.2 二维组件开发

可视化工具二维组件开发集中于平台 UI 层部分，可视化工具支持文本、小图标、图表、网页、视频、图片等 2D 展示内容。

8.3.2.1 描述性组件

描述性组件包含基础文本和基础装饰组件，读者可在 UI 层使用对应组件完成场景页面描述性内容搭建工作，各组件具体使用方式如下。

文本：单击装饰组件库下的文本组件，在画布中进行插入，基于组件可完成场景描述文字的制作，可调整字体字号、对齐方式、文字间距等属性，如图 8-4 所示。

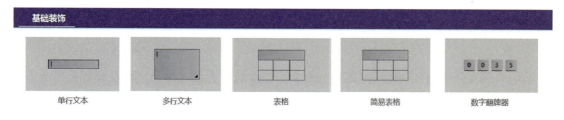

图 8-4　插入文本组件

小图标：单击装饰组件库下的图标组件，在画布中生成一个默认的图标，读者可在右侧属性面板切换图标的样式和透明度等内容，图标填充颜色支持纯色和渐变色，如图 8-5 所示。

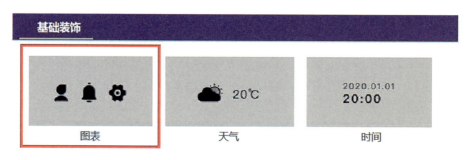

图 8-5　插入图标组件

8.3.2.2 图表组件

图表搭建包含柱图、折线图、饼图等内容，读者可在 UI 层，点击组件库区域使用平台内置图表组件完成场景图表搭建工作，借助图形化手段，清晰有效地传达数据信息，发现数据规律，有效挖掘数据潜在价值。平台内置图表及主要用途如表 8-1 所示。

表 8 - 1　　　　　　　　　　　　　　平台内置图表及主要用途表

图表类型	细化分类	主要用途
柱图	基础柱状图、基础条形图、柱状堆叠图、逆向条形图、条形堆叠图、百分比柱状堆叠图、百分比条形堆叠图	柱形图是一种以长方形的长度为变量的统计图表。通常用来比较两个或两个以上对象的内容。反映数据在不同维度下的数量
折线图	基础折线图、基础曲线图、基础面积图、堆叠折线图、堆叠曲线图、堆叠面积图	折线图用于显示数据在一个连续的时间间隔或者时间跨度上的变化
饼图	基础环图、基础饼图、多环图、玉珏图	饼形图主要通过扇形区块的面积、弧度和颜色等视觉标记，展现数据的分类和占比情况
雷达图	基础雷达图以及圆形雷达图	主要用于表现多变量不同维度的数据，雷达图所适用的数据维度通常为四维以上，且每个维度都是必须可以排序的。整体来看，面积越大的数据点，表示其越重要
仪表盘	占比仪表盘、数值仪表盘	通常用于展示一项或一组重点指标，搭配合适的图标可实现关键内容突出的目的
散点图	散点图、气泡图	散点图用来展示数据的相关性和分布关系，是以一个变量为横坐标、另一个变量为纵坐标进行展示

➢ 场景示例

以营商环境场景制作柱图为例，柱图主要用于展示数据分布或数据变化趋势，具体操作步骤如下：

第一步，添加柱形图组件：点击组件库功能区中【组件】按钮，在下拉显示区域选择【柱状图】，根据需要点击相应柱形图将图表组件插入画布中。添加柱状图如图 8 - 6 所示。

图 8 - 6　添加柱形图

第二步，柱形图属性配置：在画布中调整组件位置和大小，将组件置于预设位置。在属性面板中对组件显示效果进行调整。柱状图属性面板如图8-7所示。

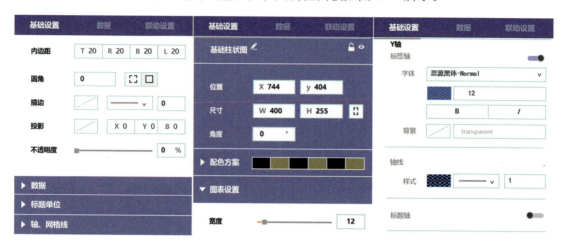

图8-7 编辑柱形图属性

小贴士

图表属性包含尺寸、位置、配色方案等内容，常用属性说明如表8-2所示。

表8-2   平台内置图表及主要用途表

图表属性	主要用途
尺寸与位置	表示图表在画布中的位置和尺寸，可根据需要进行修改
配色方案	内置配色方案，可直接选择
宽度	可调整同一类别柱体组合的宽度
间距	系列大于等于2时，同一类别下，柱体与柱体之间的间距
边角	可分别调节柱体四角的圆角大小
发光	给柱体增加发光效果
不透明度	调整发光的不透明度
描边	给柱体统一增加描边效果，描边可选择实线、虚线样式
投影	给柱体统一增加投影效果
左边距	可调节绘图区柱体与左边界的距离
右边距	可调节绘图区柱体与右边界的距离
背景	可对图表背景进行颜色填充、叠加图片；可调整背景的投影效果、绘图区域与背景的边距、背景板的每一个角的圆角大小、背景板的描边的粗细和颜色及背景板的不透明度
数据	可选择显示特定数据及数据的字体、位置
气泡	数据的边框和背景，可调节数据边框的形状、填充色、描边粗细和背景圆角

续表

图表属性	主要用途
端点	对图表进行装饰，出现在数据柱的端头，可通过修改形状、尺寸、描边或者上传图片等调整出属于该图表的独特效果
标题单位	可调整图表标题、单位的字体大小、尺寸等文本效果
轴、网格线	对轴以及与轴相关的文本的属性调节
X 轴、Y 轴	可调整轴标签的文本效果、轴线的线属性，并给轴加入文本标题
网格线	包含横向、纵向网格线的调节，可调节通用线属性
图例	可调整图例的位置及文本属性

8.3.2.3　其他组件

其他组件包含 iFrame、图片、视频等组件。读者可在 UI 层进行使用，用于丰富场景展示形式，各组件具体使用方式如下。

iFrame 组件：可视化工具可通过 iFrame 组件嵌入 https/http 协议的任意链接，链接地址即 iFrame 的页面地址。该组件可任意改变大小，组件的大小直接影响该组件链接的页面展示区域，在编辑模式下使用鼠标左键双击 iFrame 组件，即可以进入原网页进行交互浏览，如图 8-8 所示。

图 8-8　插入 iFrame 组件

图片组件：该组件支持 PNG、JPG、GIF 和 BMP 格式的文件，单个图片文件的大小应不超过 50MB，可用于展示动效、装饰元素等照片，如图 8-9 所示。

图 8-9　插入图片组件

视频组件：该组件支持 AVI 和 MP4 格式的视频文件。单个视频文件的大小应不超过 500MB，可设置是否显示视频的进度条以及是否自动播放或循环播放，如图 8-10 所示。

图 8-10　插入视频组件

8.3.2.4　交互事件开发

UI 层交互事件为通过鼠标单击、双击、悬浮等方式，与热区、动态面板组件进行交互，实现场景内容的灵活切换，具体使用方式如下：

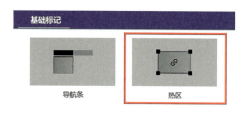

图 8-11　插入热区组件

热区：该组件用于添加联动事件，通常用于覆盖到其他组件上层。编辑时是一种半透明的状态，在预览和发布时不可见，仅支持修改尺寸和位置，如图 8-11 所示。

动态面板：该组件是在当前编辑区域内划分多个层级页面，每个层级页面都可以添加 2D 组件，通过切换动态面板里的页面层级实现轮播或滚动效果。该组件通过鼠标双击进行编辑模型的进入和退出，如图 8-12 所示。

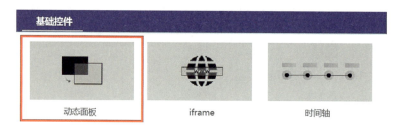

图 8-12　插入动态面板组件

8.3.3　三维组件开发

三维组件开发集中于可视化平台场景层中，可视化工具支持地图、标记等三维展示内容。在编辑面板中的左上方大纲板块，将页面从 UI 层切换至场景层，编辑页面上方的组件库、左下方的概要和右侧的属性面板都将切换为场景层编辑内容。

1. 地图

地图组件包含中国、各省市、各区县的三维模型，可在场景层嵌入对应区域的地图模型，以实现数据的区域性展示。地图组件添加完成后可以在右侧属性菜单对地图的风格、颜色、视角等内容进行调整。地图组件支持缩放、旋转、平移操作。

2. 标记

标记组件包含普通标记、数据标记和图片标记三部分，用于在 3D 场景中突出展示对应信息，各组件具体使用方式如图 8-13 所示。

图 8-13 标记组件

普通标记：在标记组件库下单击普通标记，并将鼠标移入场景中再次单击鼠标左键后，会在场景中生成普通标记的默认样式。

数据标记：数据标记是利用不同高度的柱状体在 3D 场景中来表示数值的区分，读者在标记组件库选择数据标记，并点击 3D 场景的某一区域后，会在该位置生成一个柱状体。

图片标记：支持 PNG、JPG、GIF 和 BMP 格式的文件，可用于内容展示、地图装饰等内容。

3. 交互事件开发

场景层交互事件为通过鼠标单击、双击、悬浮等方式，与 3D 热区组件进行交互，实现场景内容的灵活切换。3D 热区是平台提供的可以手动绘制的一个 3D 交互区，交互区为 3D 透明区域，支持对其坐标系进行平移、缩放和旋转操作，使其摆放至合适位置，并设置对应交互操作，如图 8-14 所示。

图 8-14 3D 热区组件

8.4 数 据 绑 定

数据绑定是将可视化场景中的各项组件与数据源进行关联绑定，可视化工具支持静态数据和动态数据两种模式来完成数据绑定工作，从而实现场景数据的自动加载。

8.4.1 静态数据绑定

单击选定图表组件，将右侧属性面板切换至数据标签页下，进入静态数据编辑面板，将展示的数据填入表格中。

➢场景示例

以某场景数据绑定过程为例，首先点击需要进行静态数据绑定的柱图，在右侧弹出的属性列表中选择数据页签，将需要展示的静态数据填写入指定区域。

 **小贴士**

可视化工具静态数据绑定规则如下：将图表中横轴文本填写在 A 列，纵轴数据填写在 B 列。

8.4.2 动态数据绑定

8.4.2.1 数据接入

以图表组件为例，组件在连接 MySQL 数据库时，可以在数据源列表中选择已经配置好的数据源，在查询语句处填写数据查询语句，点击测试按钮查看数据返回结果。

8.4.2.2 数据格式转换

数据格式转换是动态数据绑定过程中的重要环节，在数据接入环节中完成 SQL 语句的编写及测试后，因查询语句返回的数据格式不符合图表的数据格式，需通过数据过滤器编写对应的 JSON 代码，实现数据格式的转换。具体操作步骤如下：

第一步，开启数据过滤器：点击【新建过滤器】，打开新建过滤器的弹窗，输入过滤器名称，编辑过滤器内容。点击【测试】，显示过滤器的输入数据和运行结果。

数据过滤器代码如下：

```
var a = [{
    "title": "tab1",
    "canme": "类别名称",
    "series":[
        {
            "sid":1,
            "name": "时间",
            "unit":"单位"
        },
    ],
    "data":[
    ]
}
]
for(var i = 0;i<data.length;i++){
    var b = {
        "form":1,
        "id":i+1,
        "S":1,
        "x":data[i].ym,
        "y": data[i].zs
    }
```

```
        a[0].data.push(b)
    };

    return a;
```

第二步，测试映射结果：点击【确定】，保存过滤器。此时字段映射匹配成功，图表数据成功展示。

8.5　预览及发布

场景制作过程中，可随时进行预览来查看场景展示效果，场景制作完毕后，可以通过链接分享的形式进行发布。

8.5.1　项目预览

项目制作过程中，可通过预览及时查看项目展示效果，可点击项目制作页面右上方的预览按钮，直接预览场景当前页面。

➢ 场景示例

在某场景制作过程中，可通过预览按钮直接查看当前页面展示效果，预览按钮如图 8-15 所示。

预览场景如图 8-16 所示。

图 8-15　预览按钮

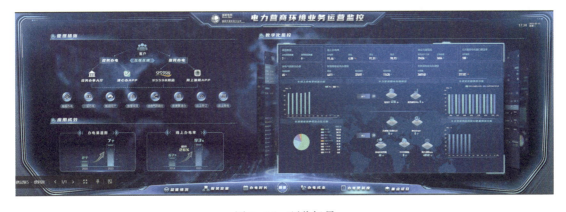

图 8-16　预览场景

8.5.2　项目发布

当场景制作完成后，返回可视化工具主界面，点击项目卡片上的【发布】按钮，出现项目发布弹窗。

（1）发布状态选择关闭时，当前链接无法被查看。

（2）将发布状态修改为"公开访问"，获取到链接的用户无需登录系统即可正常查看项目。

（3）将发布状态修改为"加密访问"，当前链接在有效期内且输入正确的访问密码，获取到链接的用户无需登录系统即可正常查看项目。

> 场景示例

某场景制作完成后，返回可视化平台主界面，鼠标悬浮至项目标签上，点击中间发布按钮，选择公开访问，即可通过下方网址直接访问可视化场景，悬浮窗如图 8-17 所示。

复制访问链接如图 8-18 所示。

图 8-17　悬浮窗

图 8-18　复制链接

访问场景如图 8-19 所示。

图 8-19　访问场景

本 章 小 结

本章详细介绍了可视化工具的使用方法，通过具体的步骤和示例，介绍了数据准备、项目创建、场景开发、数据绑定及预览发布等关键环节，为读者提供一套完备的可视化场景搭建方法。通过本章的学习，希望读者可以对可视化展示工作有更深层次的了解，同时可以使用可视化工具快速高效地完成可视化场景的搭建，实现监测展示方法的多元化与创新，有效提升数据表达与信息传递的效率与质量。

 练一练

习题1：按照以下要求制作对应柱状图，要求如下：

（1）柱形图整体配色调整为蓝色。

（2）最大值所对应的柱显示为橘色。

（3）横纵坐标字体调整为"微软雅黑"，字号调整为"20"。

习题2：制作交互联动事件，实现通过点击某一方块来控制对应图表显示或隐藏。

习题3：以双碳监测分析场景为例，通过添加动态面板的形式，实现"居民碳排放总量趋势分析"图表的年、月维度切换，实现同一图表维度细化查看的需求。

第9章

项 目 实 战

本章以项目实战的形式，重点介绍了报表工具内网应用、报表工具移动应用、BI 工具应用、RPA 工具应用以及可视化工具应用等五个方面的内容，通过"手把手"的实操教程，引导读者从理论到实践，逐步理解并掌握这些工具在具体业务中的应用方法，有效提升工作效率、优化业务流程。

9.1 报表工具内网应用

实战项目 1：分布式光伏接入承载力评估

9.1.1 业务理解

1. 业务需求

针对分布式光伏高比例大规模接入低压配电网导致的台区反向负载严重问题，依托数创平台，拓展升级全电压等级反向负载率计算功能，构建分布式光伏接入承载力评估场景。

2. 业务痛点

（1）场景开发周期耗时长。企业员工与开发人员之间由于专业背景和知识领域的差异，在沟通时会出现信息不对称和误解，会导致需求表述不清、理解偏差、频繁的需求变更和错误修正，从而延长开发周期。

（2）数据梳理归集难度大。该业务需归集多部门、多专业的业务数据（包括主变负荷、馈线负荷、台区负荷、营销档案等），整合形成分析数据集，数据梳理融合难度大，导致查询效率低。

（3）业务系统数据量庞杂。分布式光伏接入明细数据量大、不易监测，人工手动分析复杂、工作量大，无法满足企业员工对分布式光伏接入承载力的高频、科学、准确评估。

3. 功能清单

一是光伏用户数、光伏装机容量、光伏台区数量、新装光伏发展规模等数据大屏展示；二是 10～220kV 变压器、线路的承载力按日频度精准评估。

4. 开发工具

数据库工具、报表工具。

5. 确定表样（界面图）

根据业务需求内容，开展报表样式及基础功能样式的确定，为后续界面开发提供基础，如图 9-1～图 9-2 所示。

主变反向负载率查询界面	
变电站	下拉单选框
主变压器	下拉单选框
开始时间	日期筛选框
结束时间	日期筛选框
刷新按钮	异常数据排除明细按钮

图 9-1　界面 1

主变反向负载率			
变电站名称	主变压器名称	运行容量	电压等级
光伏容量	最小负荷	最小负荷日期	最大负荷
最大负荷日期	在途分布式电源报装容量	在途用电报装容量	反向负载率
反向负载率（未考虑在途报装容量）	备注		

图 9-2　界面 2

9.1.2　数据处理

第一步，进入数据集目录：使用浏览器登录数据管理及应用平台，在菜单导航栏点击【资源目录】→【数据目录】→【业务系统目录】，如图 9-3 所示。

图 9-3　数据管理及应用平台

第二步，查找数据表：在左侧导航树中点击【二级部署目录】→【营销部】→【用电信息采集系统】和【二级部署目录】→【营销部】→【营销 2.0】，右侧即可展示相关专业数据宽表，查询与业务数据需求相关的数据表，如图 9-4 所示。

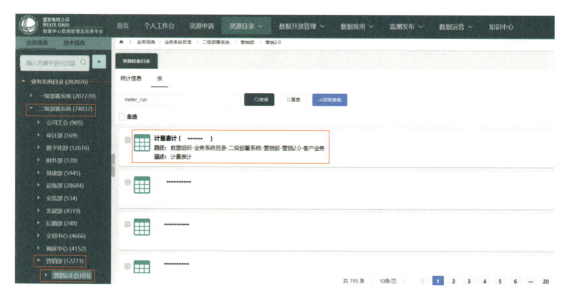

图 9-4　营销 2.0 系统宽表

第三步，确定明细数据字段：根据数据表中的样例数据，企业员工自行分析是否满足应用场景数据需求，如满足即可使用该宽表数据进行场景开发，以电能表为例，如图 9-5 所示。

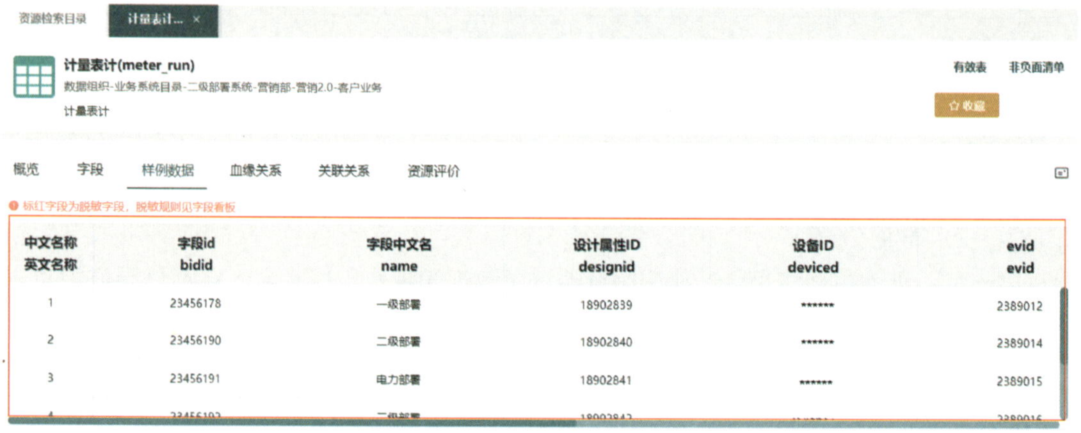

图 9-5　宽表详情

第四步，确定数据表内的明细数据：登录运维审计系统，从跳板机进入 manage one，选择【数据开发】，点击【+DWS】，新建相应的数据连接，连接对应的数据库，查询相对应的数据宽表，如图 9-6 所示。点击【运行】，即可查询该数据表内的所有明细数据，如

图 9 - 7 所示。

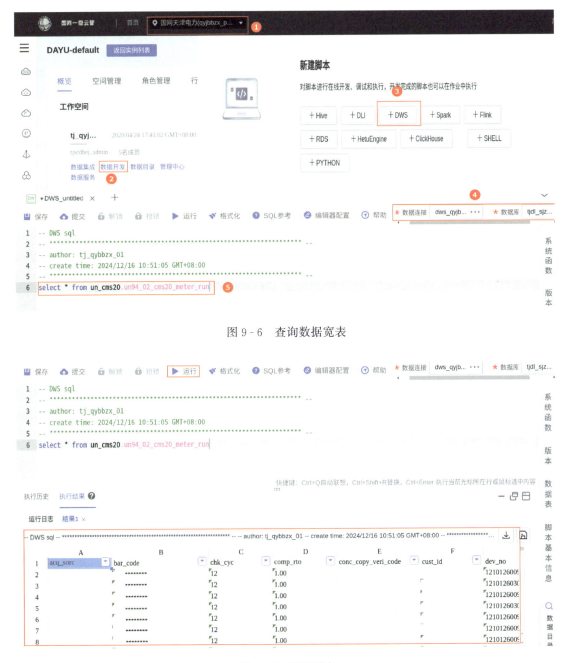

图 9 - 6　查询数据宽表

图 9 - 7　视图列表

9.1.3　应用开发

1. 页面设计

新建普通报表，在第二行输入表样字段，选取两行作为需要开发的位置，并选择合适的背景颜色与文字颜色进行开发，进行界面设计配色，如图 9 - 8 所示。

图 9-8　界面设计配色

2. 绑定数据

基于"9.1.2数据处理"后的数据，将所需的数据字段，如"变电站名称""主变压器名称""运行容量""电压等级""光伏容量""最小负荷""在途分布式电源报装容量"等字段依次拖拽至展示类报表单元格中，完成数据绑定，如图9-9所示。

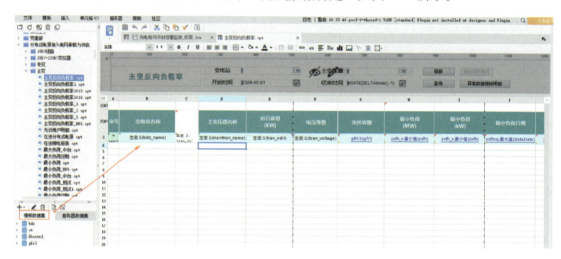

图 9-9　绑定单元格数据

3. 界面开发

一是计算反向负载率。在O3、Q3单元格进行反向负载率和反向负载率（未考虑在途报装容量）的公式计算，形成所需反向负载率结果数据的展示，如图9-10所示。

二是下钻查询。将"光伏容量""最小负荷""最小负荷日期""最大负荷""最大负荷日期"五个字段设置下钻页面，以"光伏容量"为例，需要设置【条件属性】→【超级链接类型】→选择"报表链接"，当前单元格公式为 len（$$$）<>0，或 $$$<>0时进行下钻，并且需将当前页面的参数进行传参，如图9-11所示，最终下钻效果如图9-12所示。

4. 应用发布

将开发完成的场景发布至数创平台，模板挂接的具体步骤为：登录管理员账号→选择【目录管理】→确定发布路径→模板挂接，模板挂接页面如图9-13所示。

图 9-10 配置公式

图 9-11 配置超级链接

图 9-12 最终场景展示

该场景选用数据管理及应用平台中的相关业务数据宽表作为数据集，利用数据库可视化工具、报表开发工具，完成分布式光伏场景开发，实现分布式光伏场景下的电网承载力

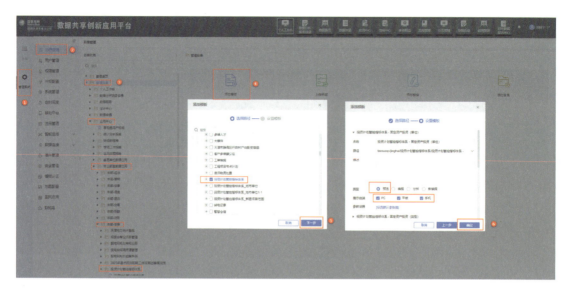

图 9-13　发布界面

评估，特别是针对各个设备（主变、馈线、公变、专变）的接入能力的评估。

 9.2　报表工具移动应用

实战项目 2：配网巡检记事本

9.2.1　业务理解

1. 业务需求

针对配电线路日常巡视检查过程中发现各类隐患、缺陷等问题，结合移动应用"报表＋地图组件＋相册组件"功能，获取"思极地图"经纬度定位以及路径导航，实现报表填报可调用相机拍照或上传相册照片，并将隐患、缺陷现场实时登记、回填到内网。

2. 业务痛点

一是记录填写效率低。以往巡检人员需要携带大量纸质表单进行现场记录，容易因天气、环境等因素导致记录模糊或丢失，后续信息整理、汇总困难，严重影响工作效率。

二是记录回填不及时。在巡检过程中发现隐患或缺陷时，巡检人员虽会拍照留存，但后续流程繁琐冗长。在回到办公室后需将照片手动上传到内网系统，环节众多、操作机械，稍有不慎便有照片遗漏、上传延误等风险，导致关键信息难以及时归位，隐患处置错失先机。

三是设备区域定位难。巡检人员往往需要依赖纸质地图或口头指示进行定位和导航，不仅效率低下，还容易因路线不熟悉或误解指示而导致迷路或延误，严重干扰作业进度与精准度。

3. 功能清单

包括配电线路查询、获取现场经纬度定位信息、上传相机拍照或相册照片、查询现场随手记历史记录、思极地图寻址导航等功能。

4. 开发工具

使用数据库工具、报表开发工具。

5. 确定表样（界面图）

根据业务需求内容，开展报表样式及基础功能样式的确定，为后续界面开发提供基础，如图 9-14～图 9-21。

配电线路查询界面（支持模糊查询）	
线路名称	手动填报

图 9-14　界面 1

配电线路查询结果界面					
序号	线路名称	设备编码	起点电站	架设方式	投运日期
展示信息	设置超链接	展示信息	展示信息	展示信息	展示信息

图 9-15　界面 2

超链接跳转至定位获取界面		
经度	纬度	地理坐标
配置 i 国网内置思极地图定位按钮		

图 9-16　界面 3

地图定位界面
地图（图片）

图 9-17　界面 4

获取经纬度后展示界面					
经度	展示信息	纬度	展示信息	地理坐标	展示信息
下一步（按钮）					

图 9-18　界面 5

现场情况登记界面					
线路基本信息					
线路名称		电缆线路长度		电缆接线方式	
调度单位		设备编码		起点开关编号	
设备状态		起点电站		架空线路长度	
架空接线方式		地区特征		资产编号	
架设方式		投运日期		PM 编码	
线路总长度					
工程基本信息					
工程编号		WBS 编码		设计单位	
建设单位		工程名称		设备增加方式	
监理单位		施工单位			
现场地理位置					
经度		纬度			
地理坐标					
设备主人信息					
设备主人		手机号			
现场情况					
现场照片	可上传相机拍照或相册照片				
现场情况	手动填报				
提交（按钮）					

图 9-19　界面 6

现场情况明细（段落式）			
**线路现场情况			
设备编码		起点电站	
资产编号		设备主人	
登记时间			
详情（按钮）			

图 9-20　界面 7

	现场情况登记界面	
	线路基本信息	

线路名称		电缆线路长度		电缆接线方式	
调度单位		设备编码		起点开关编号	
设备状态		起点电站		架空线路长度	
架空接线方式		地区特征		资产编号	
架设方式		投运日期		PM 编码	
线路总长度					

	工程基本信息	

工程编号		WBS 编码		设计单位	
建设单位		工程名称		设备增加方式	
监理单位		施工单位			

	现场地理位置	

经度		纬度	
地理坐标			

	设备主人信息	

设备主人		手机号	

	现场情况	

现场照片	
现场情况	

配置唤醒思极地图 App 导航按钮

图 9-21　界面 8

9.2.2　数据处理

新建两张数据库表，并完成数据处理、准备工作。其中表 9-1 用于存储配电线路台账明细，该表可以导入线下 Excel 表数据或使用共性数据集宽表数据，表结构信息如表 9-1 所示；表 9-2 用于存储填报的配电线路现场情况登记明细，由于该表存储填报数据，所以建表后为空表，表结构信息如表 9-2 所示。

表 9-1　　　　　　　　　　　　　**bb_jh_cgzxl 表结构**

表名称	字段名	类型
bb_jh_cgzxl	sbmc	varchar
	xlmc	varchar
	yxbh	varchar
	ssds	varchar
	ywdw	varchar

表名称	字段名	类型
bb_jh_cgzxl	whbz	varchar
	ssdd	varchar
	dddw	varchar
	sfdw	varchar
	gdqy	varchar
	dqtz	varchar
	sfnw	varchar
	dydj	varchar
	sbzt	varchar
	tyrq	date
	sfjdj	varchar
	jkjxfs	varchar
	dljxfs	varchar

表 9 - 2   **bb_jh_cgzxlcqkmx 表结构**

表名称	字段名	类型
bb_jh_cgzxlcqkmx	xh	int
	xlmc	varchar
	qddz	varchar
	dddw	varchar
	dqtz	varchar
	sbzt	varchar
	tyrq	date
	jkjxfs	varchar
	dljxfs	varchar
	jsfs	varchar
	qdkgbh	varchar
	xlzcd	float
	jkxlcd	float
	dlxlcd	float
	zcbh	varchar
	sbbm	varchar
	pmbh	varchar
	gcbh	varchar

9.2.3　应用开发

1. 页面设计

新建普通报表，在第二行输入表样中的字段名称，选取两行作为需要开发的位置，并选择合适的背景颜色与文字颜色进行开发，进行界面设计配色，如图 9-22 所示。

图 9-22　设计表样

2. 数据绑定

选择指定数据库，编写 SQL 查询语句，用于查询配电线路明细并将对应字段拖拽到指定的位置，如图 9-23 和图 9-24 所示。

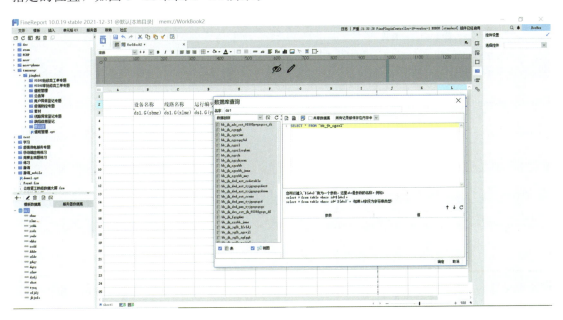

图 9-23　编写 SQL 查询语句

3. 页面开发

第一步，配电线路查询：新建一张普通报表，设置超级链接跳转至现场情况登记界面，将"线路名称"字段所在单元格设置成【超级链接】，用于实现跳转页面的功能，如图 9-25 所示。

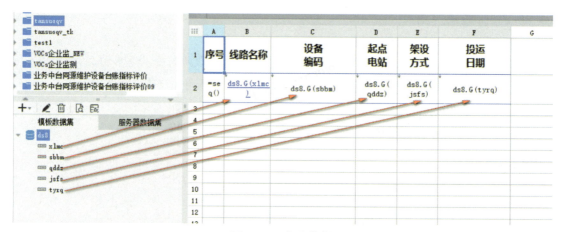

图 9-24　绑定数据

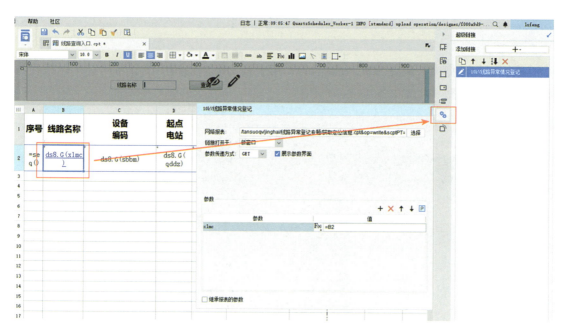

图 9-25　添加超级链接

第二步，获取现场经纬度定位信息：

（1）打开【超级链接】设置菜单，在"网络报表"单元格内选择跳转到的页面所在 URL 路径，并在路径末尾处加入"＆scptPT＝1"参数，"参数传递方式"选择"GET"，设置完成该参数将会使数创移动端展示页面的工具栏内显示定位按钮。配置超级链接方式如图 9-26 所示。

（2）新建一张普通报表，用于接收获取到的"思极地图"经纬度数据，为了使经纬度数据精确到 10m 范围内，在数据处理时建议保留 4 位及以上小数。在具体操作层面，仅需要在相应单元格内使用公式"＝\$ scptsjlot"和"＝\$ scptsjlat"，即可实现经纬度数据完整展示。另外，针对"地理坐标"单元格，使用"＋"拼接字符串即可达成所需格式要求，配置地图方式及效果如图 9‑27 和图 9‑28 所示。

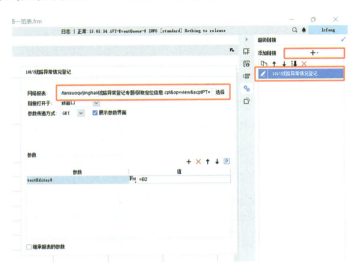

图 9‑26　配置超级链接

图 9‑27　配置地图方式

图 9‑28　配置地图效果

第三步，调用相机拍照或上传相册照片：新建一张普通报表，该页面用于实现两个功能：

（1）查询线路基本信息、工程基本信息、现场地理位置以及填写设备主人信息；

（2）填写现场情况信息，并实现相册图片上传功能。

对于功能（1），编写 SQL 查询语句，拖拽相关字段到指定单元格即可；

对于功能（2），需要针对填报表单所在单元格插入符合实际填报格式的控件，其中"现场照片"单元格内需加入【文件控件】，根据业务需求勾选"只支持单文件上传"，文件类型为"jpg、png、gif"格式，如图 9-29 所示。

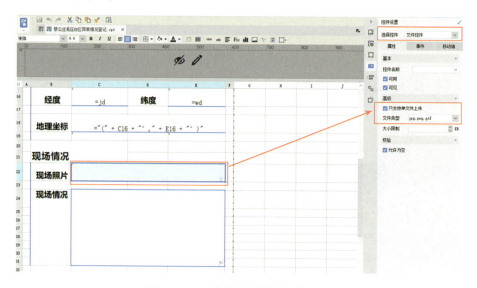

图 9-29　上传相机拍照或相册照片

第四步，查询现场随手记历史记录：新建一张普通报表，该页面用于实现查询配电线路现场登记的记录明细，同时将经纬度信息使用 JavaScript 脚本设置【超级链接】跳转并传参"lot（经度）""lat（维度）"及"djsj（登记时间）"3 个字段值至详情页面，可在数创移动端现场情况详情展示页面下方工具栏内显示导航按钮。编写脚本方法如图 9-30 所示。

第五步，唤醒思极地图寻址导航：在开发好的详情页面下方菜单栏中看到导航按钮，点击即可唤醒"思极地图"APP，实现地理位置寻址导航，如图 9-31 所示。

4. 流程配置

由于本移动应用不涉及流程及审批功能，不需要进行流程配置。

5. 应用发布

一是登录数创平台移动应用管理端，进入微应用管理，点击【新建成果】，选择需要发布的模板文件，或模糊搜索匹配。自定义配置成果名称、成果背景图、操作类型（预览方式）、是否需要扫码等。二是进入微应用管理，配置应用名称、描述和应用图标。三是配置 tab 页签，将上面新增的应用挂接到当前页面成果。四是进行频道管理，通过配置频

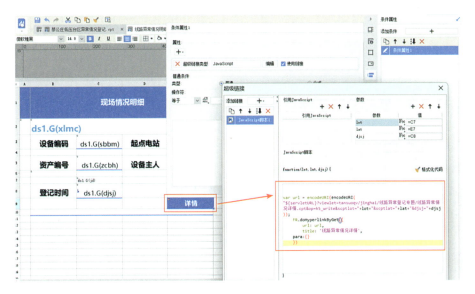

图 9-30　编写脚本

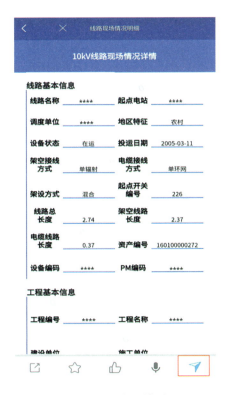

图 9-31　实现效果

道将应用挂接至频道下。详细应用发布操作可参考"5.6 应用发布"。

　　该场景通过 i 国网采集现场数据，利用数据库工具、报表开发工具，完成配电巡视记事本的开发，实现巡视信息及时登记填报。

9.3 BI 工具应用

实战项目 3：变压器负荷数据监测分析

9.3.1 业务理解

1. 业务需求

近年来，随着电力需求的持续增长，某供电公司为精确掌握变压器负荷状况，实时洞悉变压器运行状态，亟需提升变压器负荷监测的智能化水平，提升业务维护的便捷性与直观性。

2. 业务痛点

（1）场景开发周期耗时长。由于企业员工与开发人员双方知识领域存在差异，在沟通交流过程中易出现信息错漏。这使得他们需要反复沟通、不断修正错误，进而导致开发周期大幅延长。

（2）数据梳理归集难度大。该业务需归集多部门、多专业的业务数据（包括变压器档案、台区负荷、时长等），整合形成分析数据集，数据梳理融合难度大，导致查询效率低。

（3）业务系统数据量较大。由于变压器负荷等数据量较大，监测较为困难，由人工手动分析较为复杂，且工作量较大，不能满足员工对台区变压器负荷监测的时效性。

3. 功能清单

一是按监测日进行查询；二是各供电服务中心最大负荷柱形图、各台区负荷明细表。

4. 开发工具

数据库工具、BI 工具。

5. 确定表样

根据业务需求内容，开展报表样式及基础功能样式的确定，为后续界面开发提供基础，如图 9-32 所示。

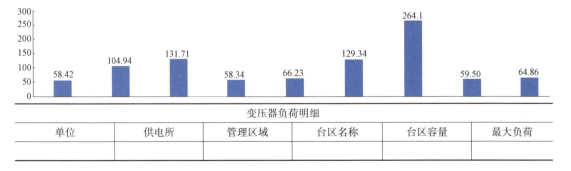

图 9-32 界面样式

9.3.2　数据处理

第一步，进入数据管理应用平台： 使用谷歌浏览器进行平台登录，如图 9‑33 所示。

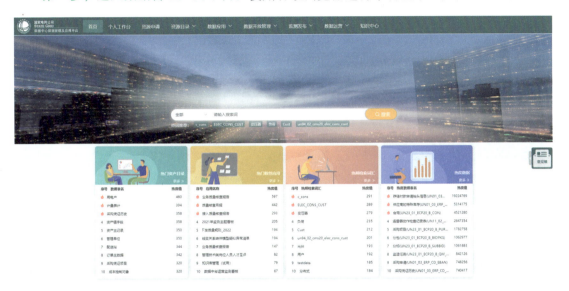

图 9‑33　数据中心数据管理及应用平台

第二步，进入共性数据集目录： 在菜单导航栏选择【资源目录】→【共性数据集目录】→【我的目录】，如图 9‑34 所示。

图 9‑34　选择我的目录

第三步，找到相关专业数据宽表： 在左侧导航树中点击【营销—采集】→【变压器负荷数据宽表】→【数据】，即可查询用户变压器负荷数据，如图 9‑35 所示。

第四步，判断数据是否满足场景需求： 根据展示出的明细数据，专业管理人员自行分析是否满足 BI 应用场景需求，如满足即可使用该宽表数据进行场景开发，如图 9‑36所示。

第五步，打开数据库工具： 登录堡垒机→打开数据库工具→选择对应数据库，如图9‑

37 所示。

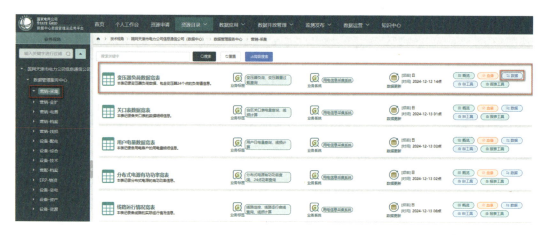

图 9-35　数据表列表

图 9-36　宽表详情

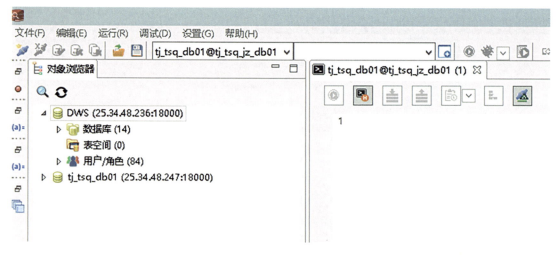

图 9-37　宽表视图

第六步，查询数据宽表：在【视图】中找到变压器负荷数据宽表对应表名，如图 9 - 38 所示。

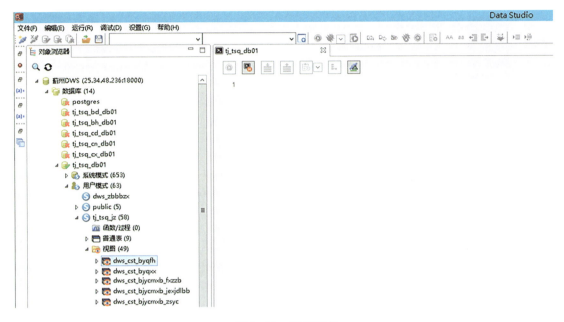

图 9 - 38　视图列表

第七步，查询明细数据：双击打开对应表名，即可查询该视图内所有明细数据，如图 9 - 39 所示。

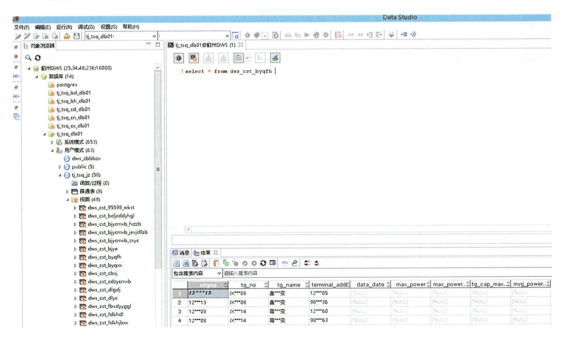

图 9 - 39　视图数据详情

第八步，打开 BI 工具：登录堡垒机→打开 BI 工具→选择【数据准备】业务包→添加【SQL 数据集】，如图 9‐40 所示。

图 9‐40　BI 工具数据准备界面

第九步，编写数据查询语句：在数据集书写页面中编写 SQL 数据查询语句，如图 9‐41 所示。

图 9‐41　BI 工具数据准备数据开发界面

第十步，修改字段名称：SQL 数据集完成之后，将英文字段名称修改为中文名称，如图 9‐42 所示。

图9-42 将英文字段名称修改为中文名称

9.3.3 应用开发

1. 新建仪表板

在BI工具中【仪表板】模块新建仪表板，在仪表板中添加组件，选择指定的数据集，如图9-43所示。

图9-43 新建仪表板

添加数据至仪表板，如图9-44所示。

2. 添加图表并绑定数据

在组件设置页面，选择多系列柱形图，将【供电所】【最大负荷】字段分别拖入到柱形图的横轴和纵轴，并且将【最大负荷】字段拖入到柱形图的标签设置栏，展示标签，如图9-45所示。

图 9-44　添加数据至仪表板

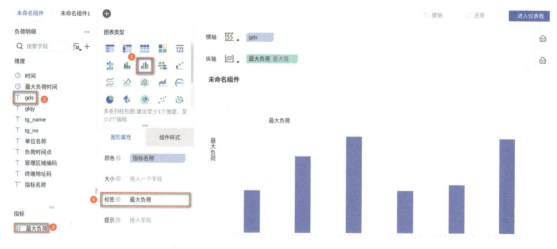

图 9-45　柱形图绑定数据

3. 添加明细表格

再次添加组件【分组表】，将【单位名称】【供电所】【管理区域编码】【管理区域】【台区编号】【台区名称】拖入分组表的维度区域，将【容量】和【最大负荷】拖入分组表的指标区域，如图 9-46 所示。

4. 设置日期过滤功能

完成仪表板图表设置后，进入仪表板，选择【过滤组件】→【日期】，绑定数据集中的【最大负荷时间】字段，如图 9-47 所示。

图 9-46 添加明细表

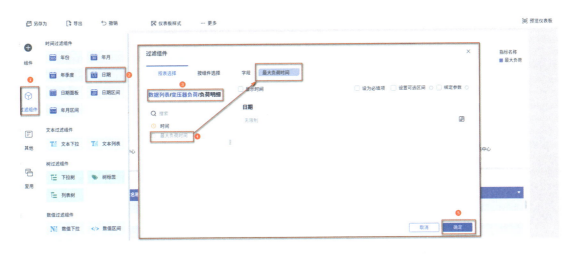

图 9-47 设置日期筛选功能

5. 设置联动功能

完成日期筛选功能配置后，选中柱形图组件，设置联动属性，勾选需联动的组件即可，如图 9-48 所示。

6. 界面效果

生成最终界面效果图如图 9-49 所示。

该场景选用数据中心数据管理及应用平台中的共性数据集宽表数据，利用数据库工具、BI 工具，完成变压器负荷情况监测应用开发，实现对变压器负荷监测功能。

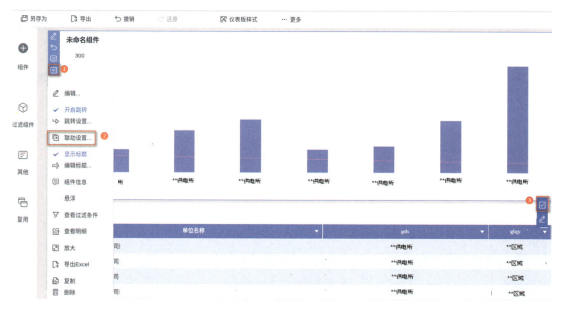

图 9-48　设置联动功能

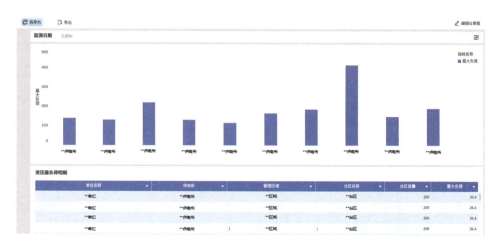

图 9-49　最终效果图

📖 9.4　RPA 工 具 应 用

实战项目 4：95598 工单监测

9.4.1　业务理解

1. 业务需求

某供电公司为更快速、更精准响应城市核心区用户急难愁盼供电服务诉求，需要自动化、定时完成工单信息数据的采集、处理及推送，实现工单数据精准获取、及时派发、超期预警，降低人力成本，提高工作质效，力争实现工单全环节"零超时""零漏单""零退单"，为供电服务工单指挥模式数智化升级演进赋能。

2. 业务痛点

（1）数据梳理归集难度大。由于供电服务指挥工单信息来源于多个业务系统，数据融合难度大，导致查询效率低。

（2）业务系统数据量较大。由于工单信息数据量较大，人工监测较为困难，亟需利用数字化手段实现人工替代，释放人力资源。

（3）业务响应需求紧急。工单反映的是用户较为紧急的需求，对派发处理时效性要求高，工单诉求需在第一时间得到快速有效解决，要求工单调度及现场服务人员及时获取工单关键信息并准确派发至对应服务人员。

3. 功能清单

一是调度指挥敏感工单；二是智能审核工单；三是智能预警工单时限。

4. 开发工具

场景开发工具、报表开发工具。

5. 确定表样

根据业务需求内容，开展报表样式及基础功能样式的确定，为后续界面开发提供基础，如图 9-50～图 9-55 所示。

敏感信息数据		
工单类型	关键字	关键字字段

图 9-50 界面 1

煤改电/台区数据	
台区属性	台区名称

图 9-51 界面 2

抢修班组和用户对照表	
抢修班组	用户名

图 9-52 界面 3

非抢修敏感信息数据	
关键字	关键字字段

图 9-53 界面 4

非抢修用户对照数据		
单位名称	类别	账号

图 9-54 界面 5

非抢修生产类工单分类	
业务类型	业务类型一级

图 9-55 界面 6

9.4.2 数据处理

进入数据集目录：通过报表工具配置管理功能模块，进行 RPA 作业辅助信息采集，如图 9-56 所示。

图 9-56 抢修班组界面图

收集的抢修班组和微信群里对应的用户名，如图 9-57 所示。

敏感字信息维护页面如图 9-58 所示。工单中如果包含图中的信息，则需要将此工单发送至微信群里。

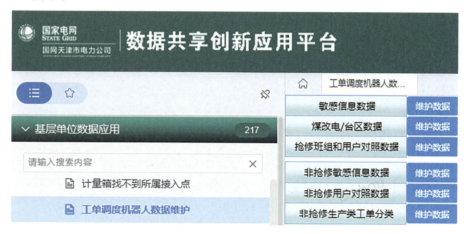

小站抢修站点（供电所）	××抢修台	❌删除行
小站抢修站点（供电所）	陈×	❌删除行
小站抢修站点（供电所）	袁××	❌删除行
小站抢修站点（供电所）	董××	❌删除行
梅江抢修站点（供电所）	××修台	❌删除行
梅江抢修站点（供电所）	张××	❌删除行

华北能源	受理内容	❌删除行
向12398	受理内容	❌删除行
12398升级	受理内容	❌删除行
打12398	受理内容	❌删除行
提及12398	受理内容	❌删除行
市长热线	受理内容	❌删除行

图 9-57 抢修班组与用户名维护界面   图 9-58 敏感字信息维护页面

9.4.3 应用开发

1. 内网 RPA 抢修工单数据查询界面

内网机器人自动打开登录对应的系统网站，新建 RPA 项目，如图 9-59 所示。

登录 PMS3.0 系统，选择【生产作业管理】→【历史工单回溯】，查询在途工单明细并导出，如图 9-60 所示。

设计 RPA 流程工具获取对应的工单数据，获取结果如图 9-61 所示。

图 9-59　RPA 登录系统

图 9-60　在途工单查询

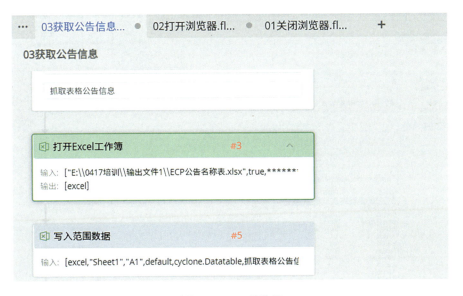

图 9-61　工单数据

2. 内网 RPA 数据处理

导出的 Excel 表格按照所需字段整理后上传至数创平台，编写代码进行数据处理，按照受理时间区分增量工单，并定期清理历史工单，如图 9-62 所示。

```
                主流程.flow   非抢修工单流程...  获取当前日期前...  获取待处理数据... ×  +
18  # def dataframe_format(df2):
19  #     for rIndex in df2.index:
20  #         df2.loc[rIndex,"日期"] = df2.loc[rIndex,"受理时间"][0:10]
21  #         df2.loc[rIndex,"时间"] = df2.loc[rIndex,"受理时间"][11:]
22  #     return df2
23  def main():
24      #获取当前日期，前两天
25      now = datetime.now()
26      two_day_before = now + timedelta(days=-2)
27      start_date = two_day_before.strftime("%Y-%m-%d ")
28      start_date = start_date + "23:59:59"
29      #start_date = "2024-02-01 23:59:59"
30      #df2原始文件，按时间降序，获取今天前一天到今天数据同时更新原始文件
31      df2 = pd.read_excel(r'C:\城南_非抢修工单\原始文件.xlsx',keep_default_na=False,dtype=str)
32      df2 = df2[df2["受理时间"] > start_date]
33      df2.to_excel(r'C:\城南_非抢修工单\原始文件.xlsx',index=0)
34      #df2 = df2.sort_values(by='受理时间', ascending=True)
35      # df2["日期"] = ""
36      # df2["时间"] = ""
37      # df2 = dataframe_format(df2)
38      #调试
39      #df2.to_excel(r'C:\城南_非抢修工单\df2_test1.xlsx',index=0)
40      #df1导出整理后的文件
41      df1 = pd.read_excel(r'C:\城南_非抢修工单\excel_format.xlsx',keep_default_na=False,dtype=str)
```

图 9-62 RPA 数据处理

3. 内网 RPA 将消息发送至 i 国网

数创平台进行逻辑处理后，内网 RPA 将抢修工单、催办工单以及预警消息发送至 i 国网，i 国网收到消息后读取并发送至工单调度机器人服务号中，如图 9-63 所示。

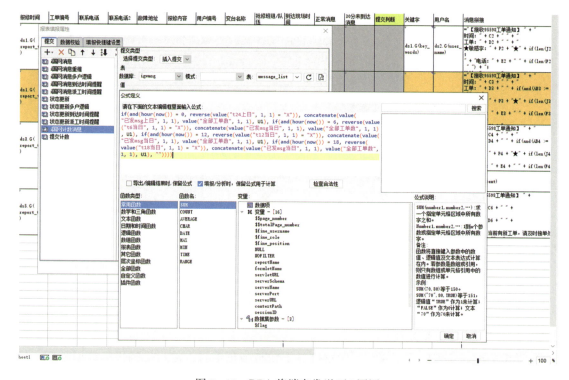

图 9-63 RPA 将消息发送至 i 国网

4. 外网 RPA 将 i 国网的消息转发至微信群

外网 RPA 将 i 国网中工单调度机器人的最新消息转发至微信群，并提醒班组中所对应的用户名，便于用户及时查看微信群消息，如图 9-64 所示。

图 9-64　RPA 将消息发送至微信

该场景选用 PMS3.0 系统中工单明细数据，利用场景开发工具、报表开发工具，完成 95598 工单监测开发，实现工单数据精准获取与及时派发。

9.5　可视化工具应用

实战项目 5：营商环境获得电力

9.5.1　业务理解

1. 业务需求

某供电公司为及时、直观反映电力营商环境实际情况与客户真实感知，需要构建电力营商环境全方位、多层级、多角度的场景监测，实现问题快速定位、高效解决，全面提升服务水平。

2．业务痛点

（1）场景开发时间成本高。由于企业员工与开发人员互相不熟悉对方领域，两方在进行沟通时会出现错漏，会不断进行沟通并修正错误，导致开发时间周期长。

（2）数据梳理归集难度大。由于电力指标数据信息来源较为复杂，数据融合难度大，导致查询效率低。

（3）业务系统数据量较大。由于涉及电力实时数据，数据体量极大，由人工监测分析较难实现且工作量较大，不能满足对于营商环境相关内容监测的时效性要求。

3．功能清单

一是中国"获得电力"指标提升情况；二是营商环境总览；三是"获得电力"指标情况；四是实施成效；五是"获得电力"实时数据看板。

4．开发工具

数据库工具、场景开发工具。

5．场景原型图

电力场景原型图，如图9-65所示。

图9-65　场景原型图

9.5.2　数据处理

确定数据表详细表名及位置：通过运维审计系统查看详细数据表信息，如图9-66所示。

time_dimension	first_indicator_no	second_indicator_no	second_indicator_name	voltage_type	target_type	indicator_sum	yoy_sum	create_date	extend_field_source	extend_field_op_typ
07	targetLevel01	targetLevel0106	totArcOrdNum	03	04	0	(Null)	2023-04-06 19:44:01	(Null)	(Null)
06	targetLevel01	targetLevel0109	higTotAccOrdNum	01	01	0	(Null)	2023-04-06 19:44:01	(Null)	(Null)
07	targetLevel01	targetLevel0109	higTotAccOrdNum	01	01	0	(Null)	2023-04-06 19:44:01	(Null)	(Null)
07	targetLevel02	targetLevel0206	totArcOrdNum	03	04	0	(Null)	2023-04-06 19:44:01	(Null)	(Null)
07	targetLevel02	targetLevel0206	totArcOrdCap	03	04	0	(Null)	2023-04-06 19:44:01	(Null)	(Null)
07	targetLevel01	targetLevel0105	totExiOrdNum	03	03	0	(Null)	2023-04-06 19:44:01	(Null)	(Null)
06	targetLevel01	targetLevel0110	higTotEleOrdNum	01	02	0	(Null)	2023-04-06 19:44:01	(Null)	(Null)
07	targetLevel01	targetLevel0110	higTotEleOrdNum	01	02	0	(Null)	2023-04-06 19:44:01	(Null)	(Null)
06	targetLevel01	targetLevel0111	higTotExiOrdNum	01	03	0	(Null)	2023-04-06 19:44:01	(Null)	(Null)
07	targetLevel01	targetLevel0111	higTotExiOrdNum	01	03	0	(Null)	2023-04-06 19:44:01	(Null)	(Null)
06	targetLevel01	targetLevel0114	lowTotAccOrdNum	02	01	0	(Null)	2023-04-06 19:44:02	(Null)	(Null)
06	targetLevel01	targetLevel0114	lowTotAccOrdNum	02	01	0	(Null)	2023-04-06 19:44:02	(Null)	(Null)
06	targetLevel01	targetLevel0114	lowTotAccOrdNum	02	01	0	(Null)	2023-04-06 19:44:02	(Null)	(Null)

图9-66　表明细视图

9.5.3　应用开发

1. 创建项目

打开场景工具，单击右上角【新建项目】按钮可唤醒新建弹窗，设置项目名称及画布尺寸，单击【确定】进入编辑面板，如图9-67所示。

图9-67　创建项目页面

2. 添加背景图

在右侧画布设置中，点击背景图片中【更换】按钮，上传已经设计好的背景图，调整填充模式和不透明度，如图9-68所示。

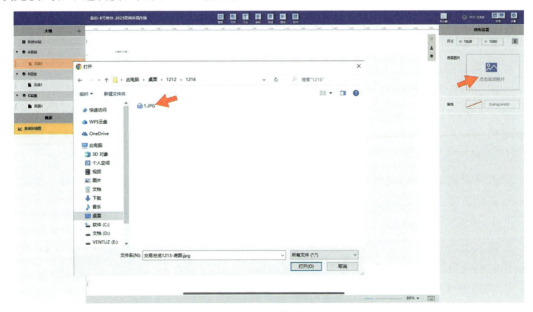

图9-68　上传背景图

上传背景图效果如图 9-69 所示。

图 9-69　上传背景图后效果

3. 数据图表开发

点击组件库功能区中的【组件】按钮，在下拉显示区域选择相应图表组件并插入画布，在画布中调整组件位置和大小。

在属性面板中对组件显示效果进行调整，调整组件属性如图 9-70 所示。

图 9-70　组件属性调整

4. 图表数据绑定

在图表组件的数据面板中，选择【PostgreSQL 数据库】，配置数据源、域名、端口、用户名、密码等信息，在查询语句处填写 SQL 语句的查询脚本。点击【测试】，显示数据获取结果。

5. 数据过滤器设置

点击【新建过滤器】，打开新建过滤器弹窗，输入过滤器名称、过滤器内容，修改代码对数据列的各个字段格式进行匹配，点击【确定】，保存过滤器。

6. 组件联动交互开发

以页面上某一组件的显示和隐藏为例，对其中一个按钮组件点击【添加事件】，在实现动作中将需要隐藏的目标页面设置为隐藏属性，点击【确定】，如图 9-71 所示。

7. 场景预览

在场景发布前需要进行最终内容确认，点击右上角【从当前页开始预览】，查看数据是否空窗，图标位置是否有错位等，如图 9-72 所示。

图 9-71　组件交互配置

预览　　　　设置

图 9-72　场景预览

8. 场景发布

场景确认无误后，关闭场景编辑页面，点击【发布】→【公开访问】，如图 9-73 所示。

图 9-73　场景发布

该场景通过选用运维审计系统中的表信息数据，利用可视化平台，完成营商环境，获得电力场景的应用开发，满足业务运营和核心指标在线监测需求。

本 章 小 结

　　本章通过分布式光伏接入承载力评估、配网巡检记事本、变压器负荷数据监测分析、95598 工单监测和营商环境获得电力五个实战项目，全面展示了报表工具、BI 工具、RPA 工具以及可视化工具在不同业务场景下的实际使用过程，明确了功能清单以及应用全流程开发步骤，能够使读者更好地理解并掌握这些工具，切实提升数据应用能力水平。

第10章

典 型 应 用

国网天津市电力公司广大员工聚焦电网业务转型升级需要，综合应用各类平台工具，持续挖掘释放电力数据要素价值，自主构建了一批赋能企业智慧运营和助力政府科学治理的数据应用，营造了用数据说话、用数据管理、用数据决策的工作氛围。本章从赋能电网转型升级、赋能经营管理提效、赋能客户优质服务和支撑政府科学治理四个领域，重点介绍了具有代表性的 10 个典型应用，为数据应用推广运营提供实践示范。

 ## 10.1 赋能电网转型升级

典型应用 1：配电设备缺陷信息采集

1. 基本情况

（1）业务痛点。在配电设备的日常巡视过程中，巡视人员一旦发现设备缺陷，传统的记录方式是现场拍摄照片并手工记录缺陷情况，随后返回供电所进行 PMS3.0 系统的录入工作。整个流程耗时长达一整天，并且数据的二次录入占用了员工大量的宝贵时间，还可能出现记录错误的情况，不仅增加了数据核对的工作量，也对缺陷处理的时效造成影响，造成设备带"病"运行的情况。

（2）应用介绍。该应用基于报表工具移动应用开发，利用电网业务资源中台提供的 10kV 线路设备台账数据，实现了一种高效的缺陷信息采集流程。通过简洁的下拉选择操作，用户可以快速筛选出缺陷设备类型、设备名称、缺陷部件等关键信息，同时系统能够自动匹配并填充站线类型、电压等级、设备类型、设备型号、生产厂家等设备档案信息。该应用不仅提高了缺陷信息采集的效率，也为后续的数据处理和分析打下了坚实的基础。

2. 主要做法

（1）缺陷设备信息登记。结合供电服务中心配电运维班组对 10kV 配电线路巡视工作要求，对发现的缺陷进行现场登记，实现了在巡视现场远程获取设备台账和缺陷描述等信息的功能，如图 10-1 所示。

（2）缺陷发现信息登记。缺陷发现信息主要涵盖缺陷的发现方式、发现人、发现日期

图 10 - 1　缺陷设备信息登记

等信息，自动获取 i 国网登录人员 ISC 账号信息，与原始线路巡视缺陷登记管理模式保持一致，如图 10 - 2 所示。

（3）缺陷描述信息登记。缺陷描述信息登记通过录入缺陷描述、缺陷性质、分类依据，并上传缺陷或现场环境照片，对缺陷处理人员快速识别缺陷处理方式，依据所填内容运维人员可以判断出该缺陷是否满足带电作业条件、工作票类型如何选择、缺陷性质所对应的缺陷处理时限要求等信息，有利于缺陷管理工作的高效开展，如图 10 - 3 所示。

（4）缺陷设备定位。通过自主选择设备定位或自动获取当前位置的方式，获取经纬度数据，便于带电作业班或供电服务中心外勤班人员直接寻址导航到未及时处理的缺陷位置进行消缺，如图 10 - 4 所示。

（5）缺陷设备寻址导航。一键导航功能有助于检修人员可以快速定位到电网设备缺陷的具体位置，减少在复杂地形中寻找缺陷点的时间和劳动强度，提高检修效率及区域供电的可靠性，保障电网稳定运行，如图 10 - 5 所示。

（6）语音识别转文字。通过调用 i 国网语音识别转文字功能，代替打字输入模式，按录入语音、识别文字、复制文本、粘贴文本的步骤，将需要手动输入文本内容的填报模式，转换为语音智能识别转换文本的方式，如图 10 - 6 所示。

图 10-2　缺陷发现信息登记

图 10-3　缺陷描述信息登记

图 10-4　缺陷设备定位

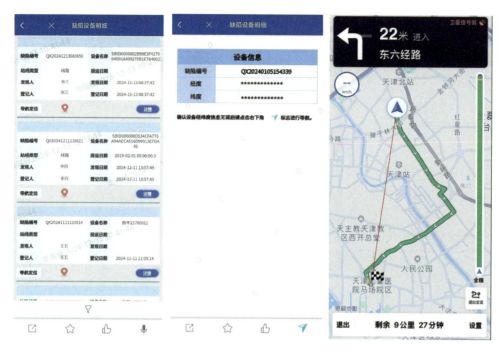

图 10 - 5　缺陷设备寻址导航

图 10 - 6　语音识别转文字

3. 应用成效

通过优化缺陷信息采集流程，使基层一线班组缺陷信息采集效率同比提升约 60%，大幅减轻了巡视人员的工作量，提高线路巡视效率，同时便于管理人员在数创平台 PC 端进行缺陷信息统计和查询，及时掌控线路巡视效果及配网设备健康情况，有助于合理安排电网检修计划，在支撑电网安全、稳定运行方面具有十分重要的保障作用，同时还增强了对电网运行状态的实时监控能力。这些成果不仅体现了数字化工具在电力行业中的应用价值，也为电力系统的可靠性和稳定性提供了坚实的保障。

典型应用 2：台区负载率准实时监测

1. 基本情况

（1）业务痛点。近年来，迎峰度夏、度冬时期用电需求激增，各地区的配电网安全可靠运行面临着巨大压力，用电信息采集系统仅支持以台区为个体的负载情况查询，不具备监测预警功能。为准确了解配电网负载情况，及时掌握配电网运行状态，确保配电网运行稳定，亟须对配电网负载情况进行监测。

（2）应用介绍。台区负载率准实时监测，基于数据共享创新应用平台搭建，使用用电信息采集系统台区负载数据，通过数据中台制定数据定时任务，实现准实时（当天数据每小时更新）获取台区负载率数据。

2. 主要做法

（1）全量台区负荷监测。基于数字化能力开放平台的基层数据服务专区功能模块，以台区基础档案数据集和实时量测中心负荷数据为基础，打造台区负载率准实时监测看板，高效统计台区数量、负载率超过 75% 的数量，以及累计时长，直观呈现台区负载率分布情况，以及异常台区的概要信息，如图 10 - 7 所示。

图 10 - 7　台区负载率准实时监测

（2）全量台区负荷移动监测。依托内网基层数据服务专区和外网移动端 i 国网，构建移动端台区负载率准实时监测，实现台区负荷监测应用，便于员工随时获取台区负载相关信息，辅助开展台区运行状态监测，如图10-8所示。

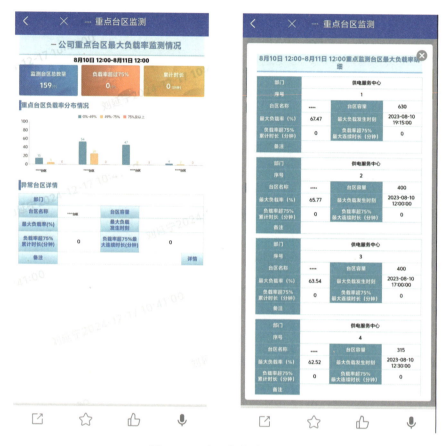

图10-8 台区负荷移动监测

（3）i国网消息提醒。实现台区负载率准实时监测结果，及时通过i国网消息提醒功能推送到相关人员，辅助基层配电运营指挥人员及时发现高负荷台区，减免基层单位24小时轮班盯用电信息采集系统的模式，大大降低了基层工作压力，如图10-9所示。

3. 应用成效

该场景可对台区负载情况进行准实时监测，基层调控、运检、营销等电力保供人员可通过该场景及时掌握当前台区超负载情况及累计时长、重点台区负载分布情况等关键指标，为电力保障人员提供及时预警，并第一时间采取对应措施，有效避免电力供应中断和供电质量下降等问题。

典型应用3：台区电压质量智能诊断

1. 基本情况

（1）业务痛点。随着分布式电源、电动汽车充电基础设施等新型要素高比例大规模接

图 10 - 9 查看各个基层单位台区负载率实时状况

入低压配电网，大功率短时充电对配电网运行提出了重大挑战，导致配电网线路、变压器反向负载严重，电压越限问题突出，直接导致台区及下辖用户电压水平波动异常，影响用户电器使用寿命以及台区用电安全，难以满足新形势下配电网高质量发展要求，迫切需要针对电压越限问题提出科学合理的解决方案。

（2）应用介绍。基于贝叶斯分布理论提取台区及用户过去一年的 96 点电压数据，计算每 15min 台区关口三相及用户最大、最小电压值，从而对台区及用户电压水平进行全量框定、精准画像，结合分布情况科学制定公变电压分接头调档、低压网架调整、光伏用户接入点调优等各类治理策略。其中，针对可调档解决的台区，准确模拟推算调档前后关口三相电压合格率、用户最大/最小电压合格率，进而制定最优调节挡位，有效辅助治理台区电压越限问题。

2. 主要做法

（1）实现台区电压质量监测。针对全量低压台区及下辖用户数量分布、过电压天数区间分布、可调档台区数量分布、台区三相及下辖用户近一年电压极值明细进行直观展示，如图 10 - 10 所示。

图 10 - 10　台区电压问题诊断分析场景首页

（2）实现台区画像评估分类。使用贝叶斯分布理论构建模型，输入台区及用户过去一年每日的 96 点电压数据，计算每 15min 台区关口三相及用户最大、最小电压值合格率，对台区及用户电压空间水平进行全量框定、精准画像，如图 10 - 11 所示。

图 10 - 11　台区电压问题诊断分析明细页面

（3）实现台区科学治理策略。结合台区画像评估分类生成相应治理策略，针对可调档台区，依据最高合格率选取最优调档；针对其他调控策略台区，需结合不同台区画像特征进行相应调整，如用户电压波动较大的台区需关注低压网架结构、光伏用户导致电压偏高的台区需调整光伏用户接入点位置等，如表 10-1 所示。

表 10-1   电压诊断分析治理策略

分析特征	策略建议
台区电压波动性小，存在过电压且不存在低电压	建议向下调档
台区电压波动性小，存在低电压且不存在过电压	建议向上调档
台区电压波动性大，容易出现低电压和过电压	建议调整低压网架
台区电压波动性大，且中午时刻存在用户过电压	建议关注低压网架光伏接入情况

3. 应用成效

通过该应用，能够有效监测台区电压质量问题，快速定位电压异常波动的台区，智能生成高效治理策略，借助精准调档治理策略，可彻底解决或大幅缓解台区过电压问题，为全面提升配电台区供电可靠性、稳定性奠定坚实基础。

典型应用 4：配电设备寻址地图

1. 基本情况

（1）业务痛点。配电站房具有数量多、分布广、难寻找的特点，"找站"难题长期困扰，难以解决，尤其是地下配电站及有障碍物遮挡等极端恶劣工况下，更是费时费力。因此，配电站房寻址已成为制约配电网抢修提质增效的重要阻碍之一。

（2）应用介绍。该应用基于数据创新移动应用平台搭建，使用 PMS3.0 设备档案数据、电网业务资源中台经纬度数据，实现针对多种场景、各类障碍，辅助寻找配电站位置的功能。同时可以在数创平台移动端通过实物 ID 查询设备台账信息，以及查询馈线接线方式图，帮助现场抢修人员根据接线方式排查线路故障。

2. 主要做法

（1）设备坐标获取。利用数据创新移动应用平台提供的坐标采集能力，可以在思极地图上通过缩放、拖动、点击等形式打点，并将点位坐标信息带入站房位置坐标采集录入页面，再填入设备名称、实物 ID、设备类型、所属线号、部门、班组、照片等信息后，点击【提交】按钮将信息提交入库，如图 10-12 所示。

（2）设备寻址导航。现场人员进行巡视时，若不清楚设备具体位置，可以利用配电站房寻址应用，通过模糊查询的方式快速定位要查找的设备，然后点击导航，自动调起内置的思极地图组件进行路径导航，如图 10-13 所示。

（3）设备信息动态维护。通过多维度搜索设备名称，实现设备名称、设备类型、所属班组、设备详情等设备属性信息的在线查阅，并可对设备添加自定义标签，方便筛选查找；对于位置隐蔽、路径复杂的围挡站房、地下站房等设备，可以通过上传入口照片、地下室路径图、周边环境照片等辅助找站，并可随时记录设备缺陷，如图 10-14 所示。

此外地图应用类场景还包括多点地图应用、特高压通道应用、固定施工点导航等场景，如图 10-15 所示。

图 10 - 12　设备坐标获取

图 10 - 13　设备寻址导航

图 10 - 14　设备标签动态维护

图 10 - 15　其他地图场景

3. 应用成效

通过该应用，将有效解决行业内，多年来长期困扰职工的"找站"难题，针对多种场景、各类障碍，辅助寻找配电站位置，精准定位，及时、高效、便捷，尤其针对位于地下车库极难查找、地面上被障碍物遮挡、夜间故障抢修等工况恶劣条件下的配电站进行智能导航指引，效果极其显著，极大节约配电线路及设备运维、检修及抢修的人力、物力、财力等多方面资源。

10.2 赋能经营管理提效

典型应用5：综合计划固定资产投资执行监测

1. 基本情况

（1）业务痛点。综合计划固定资产投资管控是确保企业资产有效配置和高效利用的关键业务。2023年初，投资统计方法发生重大变革，由以往"形象进度法"改为"财务支出法"，对项目全过程管控能力提出了新考验。在实际的项目管控过程中，面临着跨部门协同能力不足、数据标准不一致、入账管理规范性不够等问题，亟需构建数据驱动的投资执行精准管控模式，赋能精益管理，防范投资风险。

（2）应用介绍。该应用基于数据共享创新应用平台搭建，贯通 ERP 系统、基建全过程管控综合数字化管理平台、设备（资产）运维精益管理系统（PMS3.0）等数据，通过关键字段（项目定义）关联各类资本性项目基本信息，从需求提报、物资招标、合同签订、成本入账、财务支出等关键环节构建进度指数，建立全类型项目执行进度监测看板，及时反映执行质效。

2. 主要做法

（1）实现项目投资执行进度精准画像。自动获取各类项目投资执行相关数据，与综合计划里程碑节点进行比较，按照项目执行关键环节进行监测，计算出完成滞后项目明细。同时支持项目累计成本入账、月度入账情况批量查询，提升了项目管控工作质效，如图 10-16 所示。

（2）实现项目节点完成信息多部门共享。依托该应用，实现工程进度信息的实时共享，打破专业壁垒，实现项目上下游人员均能及时掌握项目情况，全员协同提升项目投资效率，如图 10-17 所示。

（3）实现待办任务自动预警。该应用自动计算出各部门滞后任务及本月应完成任务情况，并在看板中进行直观展示，提升项目管控力度，保证各类节点计划顺利完成，如图 10-18 所示。

图 10-16　综合计划固定资产投资执行监测看板

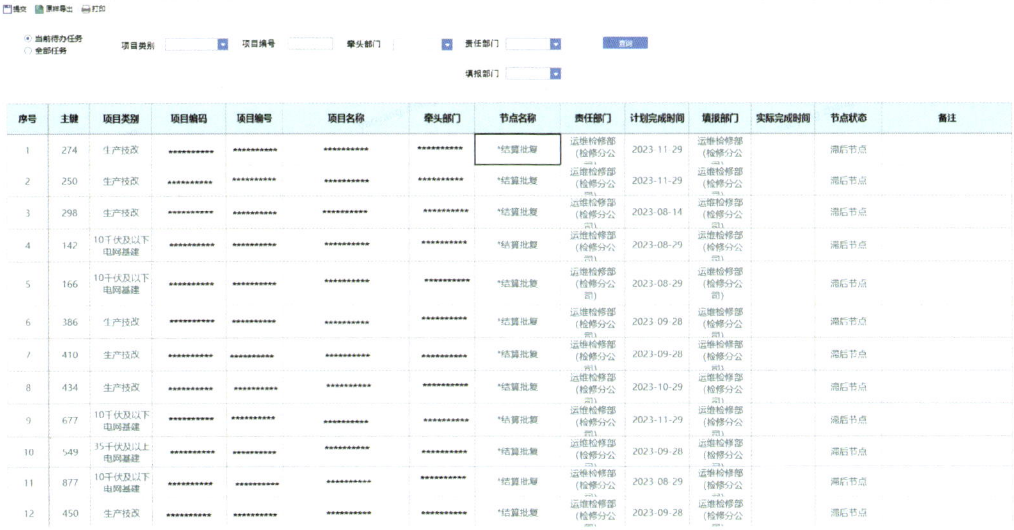

图 10-17　工程节点进度填报

3. 应用成效

通过贯通发展、物资、经法、基建、财务等各专业数据，构建监测指数模型，实现固定资产投资项目进度精准画像，辅助各级管理人员准确定位了投资执行堵点、难点，能够及时高效督办关键步骤环节，显著提升项目管控整体水平，实现投资计划、预算完成、项目进度、物料领用进度协同推进，各项投资指标高质高效完成。

图 10-18　投资完成情况查询

典型应用6：台区线损智能分析

1. 基本情况

（1）业务痛点。目前公司营销2.0、用电信息采集、同期线损等业务系统，多数情况下只提供线损指标结果查询或单一维度的线损原因分析，较少提供线损治理建议。为了更好地开展台区线损日常治理工作，亟需开发一款台区线损异常识别与治理策略模型，服务基层供电单位的线损管理专责和班组台区经理，提高日常台区线损治理效率。

（2）应用介绍。基于数据中台整合营销2.0、用电信息采集系统、设备（资产）运维精益管理系统（PMS3.0）数据，打破系统之间数据壁垒，抽取台区设备台账、供电量、售电量、下辖用户档案、人工抄表信息、关口表电压电流等数据，整合形成分析数据集，应用报表工具，固化业务分析模型，搭建台区线损异常识别与治理策略模型，预警筛查异常台区，通过供售关系分析、非智能表影响分析、采集异常分析、用户窃电分析、分布式用户影响分析等，嵌入分析模型，对异常数据进行根因分析，输出台区治理策略，为台区经理开展线损治理提供支撑。

2. 主要做法

（1）异常台区预警。整合业务系统供、售电量数据，通过员工自定义的异动阈值，场景可按月自动输出线损异常台区清单，形成台区信息卡，包含台区编号、所属单位、容量、倍率、终端地址码、台区经理、台区地址、小区名称等数据，供台区经理一键查询台区所有基本信息，为后续开展台区异常分析、定位异动原因奠定基础，如图 10 - 19 所示。

台区线损辅助分析　　　　　　　　体检报告

一、台区基本情况

台区编号	CG****	台区名称	蔡****08	终端地址码	8****5	抄表段	0002***0	统计时间	2024-07
管理区域	国网天津**公司	营业所	**服务中心	班组	蔡公庄区域	台区经理	张**	抄表例日	12
小区名称		蔡公庄镇杨家场村		台区地址		蔡****08		投运日期	2020-08-10 09:59:40
台区容量(千伏安)	200.00	台区表倍率	120	理论倍率	60	理论线损		规约类型	6*8/6*5视约：*个；D*5-2*7簧*屏：*个
台区更名情况	无	是否包含定量户	否						
关联台区名称	**,**,**								

二、台区数据变化情况　　　　　　　　采集不通明细

统计时间	2023-07	2023-08	2023-09	2023-10	2023-11	2023-12	2024-01	2024-02	2024-03	2024-04	2024-05	2024-06	2024-07
电表数	54	54	54	54	54	54	54	54	55	55	54	54	54
居民数	51	51	51	51	51	51	51	51	51	51	50	50	50
非居民数	3	3	3	3	3	3	3	3	4	4	4	4	4
非居民电量占比	1.73%	2.00%	2.45%	3.43%	5.86%	3.19%	3.63%	6.00%	2.09%	2.15%	2.43%	4.05%	2.36%
分布式用户数量	1	1	1	1	1	1	1	1	1	1	1	1	1
采集率	100.00%	100.00%	100.00%	100.00%	100.00%	100.00%	100.00%	100.00%	100.00%	98.18%	100.00%	100.00%	100.00%
供电电量(千瓦时)	13,550	12,805	7,191	5,738	6,700	8,687	8,541	8,856	7,241	6,937	7,353	9,955	13,240
售电电量(千瓦时)	13,264	12,660	7,014	5,631	6,585	8,545	8,424	8,744	7,184	6,835	7,235	9,806	13,046
损失电量(千瓦时)	286	145	177	107	114	142	117	112	57	102	117	150	194
线损率	2.11%	1.13%	2.46%	1.87%	1.71%	1.64%	1.37%	1.27%	0.78%	1.47%	1.60%	1.50%	1.47%

图 10 - 19　异常台区预警

（2）异动根因分析。将影响台区线损因素汇聚至同一界面，包含户变关系分析、采集异常分析、用户窃电分析、零火不一致分析、分布式用户影响分析、非智能表影响分析等，便于台区经理直观掌握台区运行情况，通过数据关联分析，精准定位异动原因，如图 10 - 20 所示。

三、台区打包分析

统计时间	2023-07	2023-08	2023-09	2023-10	2023-11	2023-12	2024-01	2024-02	2024-03	2024-04	2024-05	2024-06	2024-07
小区总供电量(千瓦时)	218538	196940	124696	105759	124342	171192	168915	140960	134809	124844	141662	183900	235993
小区总售电量(千瓦时)	213543	193810	122323	103708	121919	168331	166102	138704	132965	125610	138577	179126	224770
小区总损失电量(千瓦时)	4995	3129	2371	2051	2423	2859	2814	2256	1844	-765	3084	4775	11223
小区总线损率	2.29%	1.59%	1.90%	1.94%	1.95%	1.67%	1.67%	1.60%	1.37%	-0.61%	2.18%	2.60%	4.76%

图 10 - 20　台区打包分析

采集装置电流零火不一致分析页面如图 10 - 21 所示。

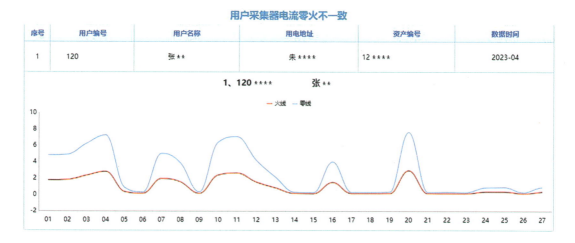

图 10-21 零火不一致分析

（3）分析策略生成。基于上述线损异常原因的不同组合，固化相应的治理策略，通过场景的"体检报告自动输出"功能，给出治理策略，辅助员工现场治理，如图 10-22 所示。

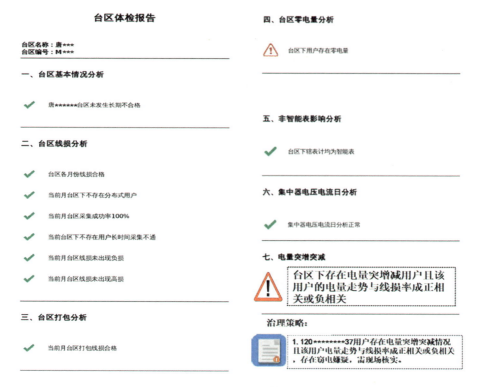

图 10-22 分析策略

3. 应用成效

该模型自试用以来，大大提高了台区经理查找问题效率，共查实窃电 50 余起，挽回电量 23.6 万 kWh；发现计量故障 48 处，追补电量 4.9 万 kWh，台区线损率由 2.98％下降至 2.73%，创新台区线损治理工作模式，建立及时发现—及时分析—及时治理—及时反馈—及时监测的闭环工作模式；缩小窃电用户排查范围，缩短异常台区整改时间，提高台区线损合格率，提升台区的精益化管理。

典型应用 7：供电所数据全景看板

1. 基本情况

（1）业务痛点。随着业务要求、数字化水平的不断提高，传统管控模式与数据收集应用之间的矛盾日益突出。一是普遍存在多头取数繁琐、数据处理效率低等问题。传统"日管控"模式需要从多个系统收集数据、下载报表，机械性、重复性工作占据员工大量时间。二是专业间融合互通能力不足，数据应用质效有待提升。客观存在内勤多系统、外勤缺少查数渠道等现象。数据不共享不贯通，信息分析利用质效普遍不高，跨班组用数流程冗余繁琐。三是系统模式固化，基层分析诉求难满足。业务系统功能模块固化，不能因地制宜、因情施策，无法满足基层数据分析本地化、个性化的需求。

（2）应用介绍。基于数字化能力开放平台的基层数据服务专区模块，依托营销、设备等专业的共性数据集，打造面向全所的供电所数据全景看板，看板主要分为营销、综合及设备三方面内容，综合侧包括全所基础数据统计和通知、台账等内容，营销侧涵盖了中心电费、服务、采集、线损、业扩报装专业关注的指标数据及统计分析内容，设备侧是日常运维抢修关注的台区及设备运行情况的监控分析结果以及中心频繁停电预警及作业计划管控等信息，用于辅助外勤人员日常有针对性地开展运维工作。

2. 主要做法

（1）整合数据资源。整合线下数据、数据中台里的营销、设备等数据，构建网格员、电量电费信息、台区线损、设备台账信息等共性数据集，如图 10-23 所示。

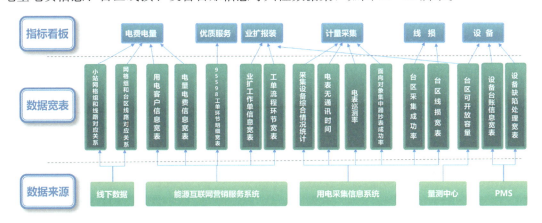

图 10-23 数据资源体系

（2）升级"日管控"看板。基于基层数据服务专区共性数据集，依托数创平台构建基层供电所数据看板，包括电量电费、优质服务、业扩报装、计量采集等模块，按日更新数据，辅助员工开展日常管控、治理等工作，如图 10 - 24 所示。

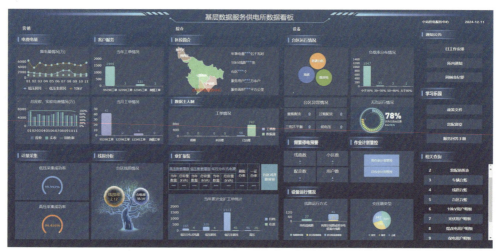

图 10 - 24　供电所数据全景看板

（3）打造移动端作业工具。充分调研外勤在现场的需求，依托数创平台在移动端自主开发数字化工具，便于外勤人员依据看板数据明细信息开展工作，同时也方便管理者随时获取中心指标数据，如图 10 - 25 所示。

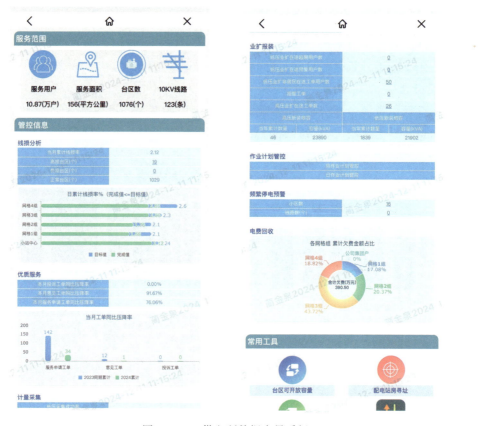

图 10 - 25　供电所数据全景看板

3. 应用成效

将基层取数、用数与核心业务相结合，实现业扩、采集、电费、服务、运检等专业重要指标的线上监控，数据分析处理时长由 1.6h 降至 0.5h，无需打印明细、内外勤通话查询信息。实现由半自动化的管理思维，向全智能化依靠数据发现问题、分析问题、解决问题、跟踪问题的"数据思维"转变，精益化闭环管控持续推动中心经营指标提升，其中低压线损率降低 0.16％，采集成功率提升 0.011％，客户诉求万户工单量压降 31.03％。

10.3　赋能客户优质服务

典型应用 8：客户重复诉求智能识别

1. 基本情况

（1）业务痛点。当前，计量换表、系统升级、电价改革、充电桩服务等各类供电服务业务深入推进，导致 95598、12398 等各渠道客户诉求类工单激增，重复诉求处理不及时极易升级为投诉工单，存在较大舆情风险，但是重复诉求识别往往依赖人工经验查询匹配，耗时长、效率低、错漏多、管控难，难以满足现代供电服务体系建设要求，亟需精准识别、及时办理，防患于未然。

（2）应用介绍。以全渠道客户服务工单为分析对象，采用词矢量分析技术模型，挖掘客户诉求内容，以手机号及用户编号为主键，关联当前新诉求与历史近 90 天内的工单内容，确定重复诉求，并按照预警消息模板生成预警提醒消息，通过 i 国网移动端推送至台区经理及管理人员，支撑员工提级办理、高效管控，有效规避客户投诉风险，显著提升客户服务水平。

2. 主要做法

（1）实现客户重复诉求智能识别。构建客户重复诉求智能识别场景，针对各供电服务中心及各业务类型重复诉求数量、近一周重复诉求数量、客户工单重复诉求明细进行直观展示，如图 10 - 26 所示。

（2）实现重复诉求预警消息推送。将识别出的重复诉求按照预警消息模板生成预警提醒消息，通过 i 国网移动端将重复诉求工单消息推送至台区经理及管理人员，支撑员工提级办理、高效管控，如图 10 - 27 所示。

（3）实现重复诉求推送结果评价反馈。通过前台页面增加的用户反馈功能，对重复诉求工单进行手动标注、纠错整改及模型训练，用于后续进一步优化分词关键词的权重，实现模型准确度的持续提升，如图 10 - 28 所示。

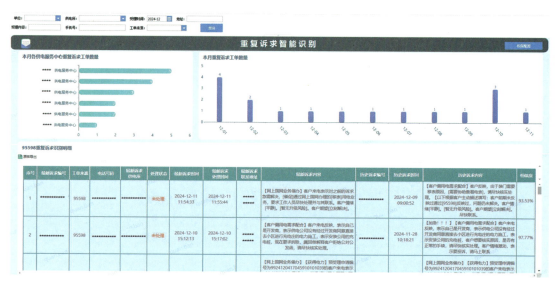

图 10-26　95598 重复诉求智能识别分析看板

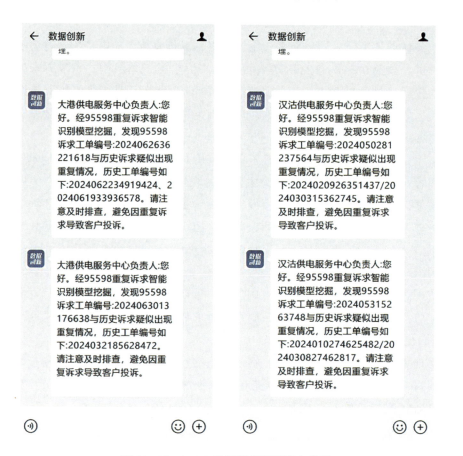

图 10-27　95598 重复诉求预警消息推送

图 10-28　95598 重复诉求推送结果评价反馈

3. 应用成效

通过 i 国网移动端将重复诉求工单消息推送至台区经理及管理人员，支撑员工提级办理、高效管控，全面提升业务处理效率与质量，优化客户服务体验，确保客户诉求得到及时且妥善地回应与解决，从而有效增强整体运营管理的科学性与规范性，推动相关业务流程的持续完善与发展。

典型应用 9：网格服务助手

1. 基本情况

（1）业务痛点。电力网格员负责快速响应和解决网格内的涉电服务需求，他们是供电企业联系广大客户的主要触点，确保各类用电需求能够得到满足。但营销客户服务工作千头万绪，工作难以客观评价，成效难以量化激励；营销专业即使构建精细的奖惩措施，也需要人工的大量计算，管理成本极高，实时性、准确性难以保证。这些都制约了网格员的工作积极性，进而限制了营销服务质量的进一步提升。

（2）应用介绍。根据各供电服务中心网格员的管理实际，在数据共享创新应用平台构建了"网格服务助手"，同时满足内网的批量管理与 i 国网手机端网格员随时办公、随处填报的业务需求。通过该应用，营销专业成功实现网格管理全过程的自动化、可量化，并实现了营销客户服务的全面提质增效。

2. 主要做法

（1）营销任务联动专业系统，按设定逻辑自动或手动精准下发。利用内网端的 RPA

工具与营销专业数据集的准实时数据，根据专业的实际需求，动态生成任务清单，并每天自动按规则下发；专业管理人员还可以根据实际情况，基于具体业务手动派发工单，可以根据区域、根据专业、根据网格、根据具体人员制定派发方式，并全自动纳入工单追踪流程。如图 10 - 29 所示。

图 10 - 29　网格服务助手管理首页

工单派发如图 10 - 30 所示。

图 10 - 30　网格服务助手工单派发

（2）实现网格员工作全过程实时上报。网格服务助手派发工单之后，会在第一时间按账号推送提醒，而且网格员均可以查收管理区域内的工单。在 i 国网端的"任务大厅"页面，可以看到当前可接的全部工单，并完成接单工作，进入事务处理流程，如图 10 - 31 所示。

图 10 - 31　网格员接单

接单并完成工作后，网格员可以按照实际业务执行情况回填完成情况（或对不可执行的发起退单），进入审核环节。上述过程的每一步信息均会立刻同步到内网，实现电脑网页端与手机端的同步查看、实时管控，如图 10 - 32 所示。

（3）实现网格员工作量与绩效的全自动计算。"网格服务助手"数字化管控场景可以自动计算所有工作的开展情况、所有网格员的工作量等关键信息，并具备一键计算全部网格员绩效与工资的功能。此外，专业还可以根据业务实际情况进一步补充绩效计算逻辑，以便满足营销各类工作中快速变动的业务需求，最终实现工作的全程量化，如图 10 - 33 所示。

3. 应用成效

网格服务助手全面嵌入业务工作中，将复杂的工作分配与绩效管理转换为自动的绩效计算，并在此基础上逐步构建起了灵活的量化绩效机制。产品启用后迅速在全部供电服务中心推广应用，广大网格员已使用该工具完成充电桩、电费、计量、优质服务、线损等专业网格工单 13.5 万余件，不仅缩短网格员协调时间 90% 以上，而且实现了工作有理有据、绩效计算公平、成果统计公正，全面实现奖勤罚懒，落实网格员绩效的差异化激励，还激发了网格员优质服务的内生动力，提高了客户服务的整体质效。

图 10-32　手机端回填任务完成情况、查看已完成任务明细

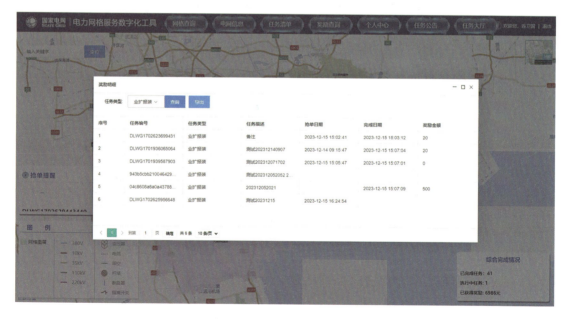

图 10-33　工作量与绩效计算

10.4 支撑政府科学治理

典型应用 10：电力看经济全景图谱

1. 基本情况

（1）业务痛点。《国务院关于加强数字政府建设的指导意见》明确提出要构建协同高效的政府数字化履职能力体系，强化经济运行大数据监测分析力度，提升经济调节能力。而政府部门通过 GDP、工业增加值等指标监测宏观经济态势，存在调查周期长、统计效率低、时效性差的问题，依托电力大数据开展电力看宏观经济运行情况分析，可辅助政府及时掌握经济发展态势。

（2）应用介绍。本产品充分利用电力数据地域覆盖面广、行业分类全、数据颗粒度细、实时性强、与生产生活强相关的特点，深挖电力大数据价值，基于电力视角从产业、行业、企业等多个维度开展分析，及时反映经济运行态势和企业发展活力等情况，为政府宏观经济决策提供参考。

2. 主要做法

（1）宏观经济分析。为辅助政府及时掌握经济发展情况，将全社会用电量与经济指标进行关联分析，发现全社会用电量与经济走势基本一致，因此通过全社会用电量辅助分析经济发展态势，深入挖掘分析电力数据背后的经济运行规律，从电力视角支撑政府及时掌握经济发展态势，如图 10 - 34 所示。

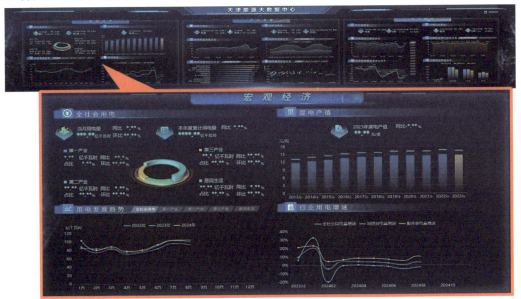

图 10 - 34 宏观经济分析

（2）产业发展分析。聚焦天津市"制造业立市"发展战略以及国际消费中心城市培育实施方案，围绕制造业、服务业，构建津电制造指数、电力消费指数等分析模型，从制造业细分行业、服务业典型场所等维度进行监测分析，以电力数据预判重点行业经济发展情况，反映当前及未来经济发展态势，为相关政策制定提供量化依据，如图 10-35 所示。

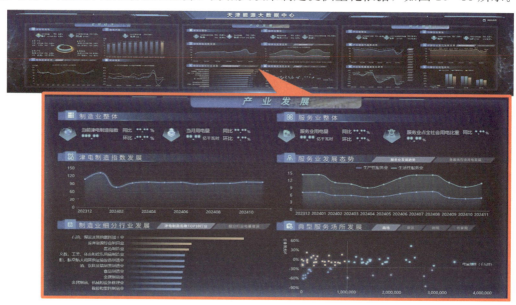

图 10-35　产业发展分析

（3）热点跟踪分析。常态归集天津市各类企业基础档案信息，通过匹配电力档案，形成企业群体标签，聚焦天津市 12 条重点产业链以及小微企业，构建电力视角企业景气指数模型，从电力数据看企业发展情况，如图 10-36 所示。

图 10-36　热点跟踪分析

3. 应用成效

依托天津市能源大数据中心，常态化面向政府提供电力看经济大数据分析服务，形成基于电力视角的宏观经济、区域经济、产业经济、假日经济、数字经济、乡村经济分析等大数据应用成果并持续拓展升级，助力政府对经济运行态势和行业发展趋势进行科学研判，相关成果获得省部级及以上领导批示 30 余次，中央电视台、《人民日报》等中央和地方媒体关注报道 100 余次。

本　章　小　结

本章全面介绍了国网天津市电力公司员工自主构建的 10 项典型数据应用，在电网企业信息采集、异动告警、问题诊断、进度管控、趋势洞察、流程贯通等方面发挥了重要作用、彰显了赋能价值，实现了一系列业务线上化、自动化、智能化、透明化、便捷化升级，未来随着数据应用广度、深度、力度不断加强，数据要素价值潜力将得到全方位释放。